A FASCINANTE FORMA DE ENTENDER A COISA TODA

Editora Appris Ltda.
1.ª Edição - Copyright© 2023 do autor
Direitos de Edição Reservados à Editora Appris Ltda.

Nenhuma parte desta obra poderá ser utilizada indevidamente, sem estar de acordo com a Lei nº 9.610/98. Se incorreções forem encontradas, serão de exclusiva responsabilidade de seus organizadores. Foi realizado o Depósito Legal na Fundação Biblioteca Nacional, de acordo com as Leis nos 10.994, de 14/12/2004, e 12.192, de 14/01/2010.

Catalogação na Fonte
Elaborado por: Josefina A. S. Guedes
Bibliotecária CRB 9/870

F218f 2023	Faoro, Douglas 　A fascinante forma de entender a coisa toda / Douglas Faoro. – 1. ed. – Curitiba : Appris, 2023. 　　148 p. ; 23 cm. 　　ISBN 978-65-250-4179-7 　　1. Espiritualidade. 2. Inconsciente. 3. Sucesso. I. Título. 　　　　　　　　　　　　　　　　　　　　　　　CDD – 248

Editora e Livraria Appris Ltda.
Av. Manoel Ribas, 2265 – Mercês
Curitiba/PR – CEP: 80810-002
Tel. (41) 3156 - 4731
www.editoraappris.com.br

Printed in Brazil
Impresso no Brasil

DOUGLAS FAORO

A FASCINANTE FORMA DE ENTENDER A COISA TODA

FICHA TÉCNICA

EDITORIAL
Augusto Vidal de Andrade Coelho
Sara C. de Andrade Coelho

COMITÊ EDITORIAL
Marli Caetano
Andréa Barbosa Gouveia (UFPR)
Jacques de Lima Ferreira (UP)
Marilda Aparecida Behrens (PUCPR)
Ana El Achkar (UNIVERSO/RJ)
Conrado Moreira Mendes (PUC-MG)
Eliete Correia dos Santos (UEPB)
Fabiano Santos (UERJ/IESP)
Francinete Fernandes de Sousa (UEPB)
Francisco Carlos Duarte (PUCPR)
Francisco de Assis (Fiam-Faam, SP, Brasil)
Juliana Reichert Assunção Tonelli (UEL)
Maria Aparecida Barbosa (USP)
Maria Helena Zamora (PUC-Rio)
Maria Margarida de Andrade (Umack)
Roque Ismael da Costa Güllich (UFFS)
Toni Reis (UFPR)
Valdomiro de Oliveira (UFPR)
Valério Brusamolin (IFPR)

SUPERVISOR DA PRODUÇÃO
Renata Cristina Lopes Miccelli

ASSESSORIA EDITORIAL
Letícia Gonçalves Campos

REVISÃO
Simone Ceré
Alana Cabral

PRODUÇÃO EDITORIAL
William Rodrigues

DIAGRAMAÇÃO
Bruno Ferreira Nascimento

CAPA
Sheila Alves

Quem reclama permanece, quem agradece prevalece.

(Douglas Faoro)

AGRADECIMENTOS

Reconhecimento

Há um eterno débito de gratidão a Deus, a quem devemos a graça da vida, que nos proporciona, desse modo também, pela escrita, gozarmos de um dos sentimentos mais estimados por todos: a Paz.

De todo amor que possivelmente podemos receber durante esta passagem, sem dúvidas, esse é provido dos pais, dificilmente conseguimos misturar o amor incondicional com tanto tempo de interesse em nossos sonhos, projetos e bem-estar, quanto os nossos pais o fazem. Desse modo, o meu sincero agradecimento aos meus pais, Nereu Fabro e Cleude Garbin Fabro, pela imensa torcida em favor da minha felicidade.

Às minhas amadas irmãs, Adriana Fabro e Juliana Fabro, pois já seria eu muito realizado em ter somente uma de vocês em minha vida, para me amar, cuidar e aconselhar tão assertivamente como vocês o fazem, dessa maneira privilegiado sou eu, pois recebi a dádiva de ter não somente um, mas dois anjos do Senhor a zelar por mim.

Uma ênfase especial à Adriana Fabro, que me inspirou a primeira ideia de escrever um livro e desempenhou todo o suporte necessário para que este sonho se tornasse realidade; e à Juliana Fabro, que sempre acreditou em tudo que se refere a minha pessoa, amo vocês.

Ao Benjamin, meu amado filho, e à Alice, minha sobrinha, que indubitavelmente nos une em torno do mesmo objetivo, sua essência exala o mais deslumbrante dos perfumes, o amor.

Fui criado com muito carinho e sinto muito orgulho de pertencer à família Fabro/Faoro e à família Garbin, nas quais seres humanos incríveis contribuíram, e ainda o fazem, para ajudar em meu desenvolvimento pessoal. Meu muito obrigado a todos os tios, tias e primos, que fizeram e fazem parte de toda essa benevolência.

Sendo assim, acredito que, de todas as formas de relacionamento humano, a amizade verdadeira se destaca por não cobrar nenhuma questão social ou financeira, o único critério para a sua consumação é a afetividade, amor, carinho e respeito, então o meu muito obrigado a todos esses, por toda consideração de sempre.

Possivelmente existem anjos, e eu acredito que sim, conquanto também sei que existem seres como a minha amada esposa, Mirian Wittmann, que entram em nossas vidas e nos direcionam a seguir outros caminhos, os mais corretos.

O meu muito obrigado a esse ser de luz que, com tamanha graça, carisma e atenção, inspirou-me junto a Deus a escrever a parte final deste livro, tanto quanto me motiva todos os dias a ser um ser humano melhor. Minha eterna gratidão.

Amo todos vocês.

Douglas Faoro

SUMÁRIO

A IGNIÇÃO 11

REFLEXÃO 13

BANCO DE DADOS 19

CONTROLE 23

A PRÁTICA FAZ A PERFEIÇÃO 31

LEI DA ATRAÇÃO 33

LEIS DA CIÊNCIA 37

TENTATIVA 41

OS CINCO SENTIDOS 43

O SEXTO SENTIDO 47

SENTIMENTOS 49

AUTOSSABOTAGEM 59

ESTRESSE – A GÊNESE DAS DOENÇAS 65

VISUALIZAÇÃO 75

SONHOS, CONSCIÊNCIA E ESPIRITUALIDADE 79

FÉ 97

FELICIDADE 105

O DINHEIRO E OS MOMENTOS FELIZES 115

DEUS E A JUSTIÇA 119

A DISTÂNCIA ENTRE O SER HUMANO E DEUS 125

RELACIONAMENTO CONJUGAL 131

REVELAÇÃO PESSOAL 143

A IGNIÇÃO

Você realmente usa sua mente ou ela tem usado você? Se sua vida segue de certa forma não equilibrada, com oscilações perceptivas no cotidiano, dias bons e ruins, altos e baixos, as críticas ou os elogios são sempre os mesmos, possivelmente ela esteja em um modo automático, impedindo-o, dessa maneira, de vislumbrar quão grandioso pode ser assumir o controle e direção desta fascinante jornada chamada vida. Como a base de estudos deste livro é atingirmos Equilíbrio, Harmonia, Paz e Sucesso, vamos imergir em três das áreas que nos permitem realizar esse objetivo. Equilíbrio e harmonia como ferramentas provenientes da racionalidade da mente. A paz, como estado de espírito, vinda da conexão com a fé e a espiritualidade. O sucesso resultante da materialidade, das conquistas materiais a que todos aspiramos.

A partir deste ponto, quero convidá-lo a contestar tudo que está prestes a ler; todavia, incito-o a se permitir experimentar dentro do seu "eu interior" tudo que entender oportuno, mesmo que isso não faça parte dos seus princípios. Por favor, considere isso como uma experiência que irá questionar além das respostas que você já tem. Talvez sua curiosidade possa conduzi-lo a destinos que encontrarão diferentes respostas, relevantes e misteriosas, que possibilitarão, desse modo, um novo ponto de vista a critério de regozijar-se com outros tipos de sentimentos, poderosos, excêntricos ou até desconhecidos. Aproveite a leitura, pois o mundo de possibilidades, chamado inconsciente, o espera! Que as reflexões provocadas aqui favoreçam a positividade na sua vida.

REFLEXÃO

A maioria das pessoas não escuta com a intenção de entender.
Elas escutam com a intenção de responder.
(*Stephen Covey*)

A afirmação de Stephen, quando bem interpretada e sem muitas delongas, nos possibilita refletir quão verdadeira é, considerando que, no modo automático em que vivemos, talvez se tenha dificuldade de interpretar essa explanação; consequentemente, cria-se de fato um impedimento de novos conhecimentos, o que, de certa maneira, influencia na vida dos seres humanos em seu imprescindível e fundamental desenvolvimento evolutivo.

Esse seria um dos motivos pelos quais se desperdiçam oportunidades diárias de conhecimento, comportamento, interação, introspecção e inúmeras chances que são verdadeiros presentes de Deus. Tudo pelo simples motivo de muitas vezes não se atinar que ouvir é diferente de escutar. E que ouvir é consentir novas informações alheias; mesmo que num primeiro momento elas possam parecer inteiramente opostas à nossa realidade, são, na verdade, alguns dos caminhos que nos levam à reflexão para almejarmos o que ainda não conquistamos.

O desafio seria autoinstigar-se a pensar em novos resultados, buscando e agindo, assim, com diferentes métodos de ação.

Estamos vivendo em um processo de evolução aceleradíssimo em termos de tecnologia, nunca se viu tantas novidades sendo lançadas em um espaço tão curto de tempo. Estima-se que os últimos dez anos nos proporcionaram mais novidades nesse campo do que todas as inovações da história humana juntas. Recentes pesquisas, como as de Standing, que é PhD pela Universidade de Cambridge e pesquisa há décadas como as mudanças estruturais no mercado de trabalho, atreladas à globalização e à revolução tecnológica, constroem um novo grupo social e econômico, nos permitem refletir que as crianças de hoje, possivelmente em um futuro próximo, irão trabalhar em ocupações totalmente inexistentes nos dias atuais. Com essa revolução toda, fica cada vez mais evidente que, com um futuro tão incerto e tão superior tecnologicamente ao nosso comportamento pessoal atual, sofreremos diversos impactos com a necessidade de acompanhar as atuais mudanças, porque, evidentemente, se quisermos viver da mesma forma que vivemos hoje, com tamanha perfeição que nos espera em 10 ou 20 anos no máximo, seremos muito provavelmente primitivos ante as mais novas e modernas formas de viver.

A evolução da parte mental e comportamental do aprender (arquivar) o novo hábito em nosso subconsciente se fará imprescindível. À medida que o desenvolvimento tecnológico supremo se fizer realidade, usufruiremos possivelmente de "robôs" que serão capazes de reproduzir com muita perfeição tudo o que realizamos nos dias atuais; contudo, esses "robôs" do futuro não possuem prenúncio de desenvolver as nossas maiores dádivas, as habilidades de comportamento e, principalmente, os sentimentos.

Os seres humanos que conseguirem dominar a mente, a responsável por armazenar nossas emoções, e anteverem que agir bem e na ordem correta é o segredo, terão realizado uma das coisas mais importantes em termos de evolução futura, estarão em vantagem em relação a quem se deparar com essa realidade de forma inesperada, sendo compelido a assimilar algo que o dinheiro não será capaz de proporcionar, algo que será "Ser" e não "Ter".

Convém à reflexão que, em pouquíssimo tempo, a dissemelhança fará toda a diferença, será "como" pensar e não mais "o que" pensar. As atuais gerações foram treinadas e ensinadas, tanto na educação familiar quanto no ensino escolar formal, a aprender o que pensar e não como pensar. Em pouco tempo teremos computadores mais inteligentes e eficazes, para resolver em segundos todas as demandas necessárias para "o pensar" (inventar). Estamos a passos largos em desenvolver inteligência artificial, para tudo e para todos, mas totalmente carentes em desenvolver nossa consciência, nosso "eu interior", nossa competência em superentender o mais importante, o sentir, o como pensar.

Nesse contexto, acredito que, dentro de alguns anos, os "robôs" serão tão ou mais inteligentes que os seres humanos, pois deterão arquivos tão protuberantes em seus data bases, que será difícil de competir com eles em termos de rapidez e aprendizado. A única e então exclusiva diferença será ponderar se eles um dia portarão a possibilidade de criar consciência e se de alguma forma conseguirão sentir (emoções). Parece-nos que não, e isso certamente se tornará a grande distinção de nós para eles. Deve-se despertar agora para a ampliação e a viabilidade de instruir-se sobre a mente, que podemos afirmar ser a única e exclusiva dissemelhança existente. A mente irá se tornar a grande distinção dos seres humanos para a perfeita inteligência artificial que se aproxima. Os analfabetos do futuro certamente não serão aqueles que não sabem ler e escrever, ou até mesmo os analfabetos digitais, mas, sim, aqueles que não conseguirem entender e administrar as próprias emoções.

Mente consciente e subconsciente - o princípio de tudo

Todos nós possuímos uma única mente, composta, no entanto, por uma subdivisão, assim tipificada pela ciência, parte conhecida por mente consciente e outra parte chamada de mente subconsciente ou inconsciente. Acolheremos neste livro o nome subconsciente para retratar a parte que funciona de forma não racional.

A mente consciente é o princípio de tudo que delineia o ser humano, ela facilmente permite saber quem é você, quem você foi, onde você está e para onde quer ir. Ela está atrelada com a sua atenção, seus pensamentos racionais, sua lógica e suas percepções. Ela é o meio que discerne os seres humanos de todos os outros seres vivos que não possuem a racionalidade de analisar, comparar ou julgar.

Não menos importante e muito mais poderoso é o subconsciente, que, para facultar o entendimento acerca de mente consciente e subconsciente, imagina-se uma câmera fotográfica com filme, a mente consciente é o foco; a lente, tudo que capta a realidade, nela se escolhe o ângulo, o lugar e opta-se por registrar a foto ou não. Já a mente subconsciente é o filme, arquiva, organiza e posteriormente revela tudo.

O subconsciente é maior que o consciente, funciona como um banco de dados da vida, é similarmente uma forma de protetor dos seres humanos, ele manufatura tudo para coadjuvar sua prioridade, que é sempre a vida. Em vista disso, detém a incumbência e o laborioso trabalho de monitorar os batimentos cardíacos dia e noite, acondicionar a temperatura corpórea aos 37 °C, sistematizar e transmitir a ordem para todos os órgãos realizarem suas funções e necessidades extras. O trabalho é tão complexo e perfeito que a mente subconsciente nunca se permite desligar. Ainda assim, é capaz de armazenar o "banco de dados" de todas as emoções, impressões, sensações e experiências já vivenciadas pelos seres humanos.

Devido à importância e à inteligência do organismo dos seres vivos sob controle da mente subconsciente, enfrentamos as curiosidades da perfeição da vida. Dentro desse contexto, pode-se afirmar que existem mais "coisas" vivendo na pele humana do que pessoas vivas no planeta Terra, dado que todo esse emaranhado e amontoado de micro-organismos saudáveis tem a missão de proteger o corpo das doenças.

A complexidade deste poder invisível se faz tão ampla que o ácido produzido pelo estômago humano contém hidroclorídrico, que tem a capacidade de facilmente dissolver metal, conquanto uma mucosa protetora a base de material (orgânico) inexplicavelmente garante que nada danifique os seus arredores. O coração, por sua vez, bombeia mais de três milhões de litros de sangue/ano, quantidade suficiente para encher uma piscina olímpica; a sístole (contração) e a diástole (relaxamento do músculo) são comparadas a uma forma vibracional muito parecida desde um microátomo ao imenso universo, sendo alimentadas por uma força oculta e inexplicável, que as mantêm em movimento contínuo. Recentes pesquisas nos revelam que muitas vezes a mente humana comporta-se mais ativa durante seu estágio de sono do que quando supostamente "normal", acordada. Estudos mostram que, durante a noite, as mentes consciente e subconsciente laboram um processamento de tudo que foi captado, vivenciado e aprendido durante o dia, essas informações são executadas e se movimentam pelos circuitos nervosos a uma velocidade média de 400 km/h.

A FASCINANTE FORMA DE ENTENDER A COISA TODA

O corpo humano, totalmente administrado e dependente da mente, é comparável a uma lâmpada, ele emite luz, fenômeno que ainda não é totalmente compreendido cientificamente, no entanto inúmeras pesquisas seguem para esse entendimento. E, por fim, se fosse possível e exequível desenrolar o DNA humano, este chegaria facilmente até Plutão, astro que se encontra a 4,9 bilhões de quilômetros do planeta Terra. O DNA humano detém 16 bilhões de quilômetros de comprimento. Essas afirmações têm o objetivo de evidenciar quão poderosa é a mente e o seu criador.

BANCO DE DADOS

O subconsciente memoriza (arquiva) tudo o que o ser humano vivenciar, pensar ou decidir ser uma verdade. As crianças, por exemplo, nos primeiros anos de vida não possuem a mente consciente totalmente ativa, não compreendem bem a diferença de certo e errado, pois notoriamente ainda não distinguem essas diferenças. Em vista disso, deve ser observado e recomendada máxima atenção ao que lhes é "ensinado" nesse período, pois os comportamentos assumidos pela mente subconsciente como uma verdade são carregados para a vida adulta, explicando assim tantos bons ou maus hábitos que acompanham as pessoas.

São muitos os informes negativos que se adquirem quando, na infância, escuta-se o tempo todo frases como: "Você não tem chances"; "Você está cada dia pior"; "Você é um mentiroso"; "Não adianta"; "Ninguém se importa"...

Convém refletir sobre o perfil das pessoas que convivem conosco, sobre seus hábitos e a forma como se dirigem e se expressam. O tom dos comentários, observações e as afirmações sobre você são pessimistas, materialistas, mentirosas, egoístas ou qualquer outra característica que, de tempos em tempos, lhe é relembrada e não a reconhece como sua? Pondere a possibilidade de que na sua infância/juventude alguém o induziu a se sentir e a acreditar que o único jeito seria mesmo ser pessimista, egoísta, ou ter qualquer outra característica negativa. Reflita sobre a possibilidade de que você realmente possa ser ou possuir hábitos negativos e não perceba isso. Prestando atenção nessas atitudes, no comportamento passado ou atual dos seus pais, seus tios, seus irmãos e pessoas de maior convivência, é possível se deparar com muitos de nossos maiores problemas. Talvez você se surpreenda e conclua que realmente tenha carregado para sua vida adulta certos hábitos que não pertencem a você, todavia os aceitou como uma verdade e desenvolveu tais comportamentos que ainda o acompanham, baseado na experiência (familiaridade) que teve com eles e que até hoje considera ser veracidade dentro da sua mente subconsciente, porém possivelmente despercebida do seu eu consciente, possibilitando dessa maneira, caso desejado, ser reanalisado e modificado.

A mente subconsciente, além de um gigantesco banco de dados, aceita como verdade todos os intensos pensamentos, bons ou ruins, que consequentemente se deliberam mediante as experiências vivenciadas. Todos os pensamentos mais intensos e corriqueiros criam certos sentimentos impactantes, que também podem ser bons ou ruins, dessa maneira a mente subconsciente sempre arquiva hábitos positivos ou negativos que serão vivenciados na realidade da matéria do dia a dia. Qualquer ser humano que, de forma consciente, sentencia a ordem por meio dos pensamentos ao seu subconsciente, sabendo ele ou não, que fumar ou exercitar-se, por exemplo, pode ser bom ou ruim, o subconsciente certamente acatará como uma ordem verdadeira, como consequência a realidade será afetada por essa decisão. Fumar, então, pode ser bom mesmo não sendo e exercitar-se pode ser ruim mesmo quando não o é.

Utilizando-se desse ponto de vista, também para outros hábitos que se possua, vale o próprio questionamento a perguntas internas de que tipo de vida está a levar. Abrir-se para uma autoanálise de "como" você se sente todos os dias é a chave para um novo recomeço.

> *"Algumas pessoas sentem a chuva. Outras apenas ficam molhadas" (Bob Marley).*

O subconsciente é tão inteligente que não assente ser acessado, contudo pode ser manipulado, pois se ele conferisse acesso ao consciente agir de forma livre, certamente a um único descuido não seríamos capazes de nos mantermos vivos. Ou você acha que seria capaz de manter o seu coração batendo no mesmo ritmo até o final da sua vida?

É sabido que a mente subconsciente funciona como que um "fiel" escudeiro ao consciente "eu". Se qualquer ser humano consciente se esforçasse para aprender a dirigir um carro, por exemplo, sua mente subconsciente pelas repetições iria elaborar, produzir e implementar o imprescindível para que em determinado ponto ele nem percebesse que está dirigindo, conversando e escutando música ao mesmo tempo.

A primeira tentativa de aprendizado exigirá que se dirija de forma muito consciente, usando a máxima atenção em movimentos simples, como trocar de marchas, por exemplo, porém, com repetições e treino, desenvolver-se-á 100% os arquivos necessários (verdades) para a sub-consciência mais uma vez atestar quão poderosa é, cuidará para que o "eu consciente" apenas desfrute o relaxamento de escutar uma boa música enquanto ela troca de marchas e conduz o veículo. O subconsciente quer o bem do ser humano em todas as áreas da vida: Mental, Espiritual e Material. Uma das regras indispensáveis para que isso ocorra de fato seria ponderar que o que se acredita ser verdade não é a única verdade, propiciar "abrir os olhos da mente", escutar e não só ouvir as opiniões alheias e descortinar que o mundo e a vida podem ser maiorais, supe-riores e soberanos ao que se tem experimentado até o momento. Isso seria indubitavelmente o primeiro passo para alvejar o sucesso.

"Quem fala que não está nem aí para o que os outros pensam é porque está querendo que os outros pensem isso" (Tati Bernardi).

Dicas

- Comece a prestar atenção nos seus pensamentos.
- Comece a prestar atenção em como você se sente durante o dia.
- Nossas verdades muitas vezes são mentiras.
- Permita-se aceitar as opiniões dos outros, elas são verdades para eles.
- Quanto de um assunto você realmente conhece para defendê-lo com tanta ênfase?
- O que você pensa todos os dias será gravado no seu subconsciente.
- O que está gravado no seu subconsciente é o que você sente todos os dias.
- Como você se sente?
- Não minta para você mesmo, existe algo errado? Modifique.

CONTROLE

De fato, o subconsciente assume a responsabilidade de conceder tudo que o ser humano de forma consciente deseja alcançar. Da mesma forma, se essa mesma pessoa não perceber conscientemente o que pretende, tudo então que estiver a pensar vagamente, e que desejar em sua mente (coração), mesmo sem distinguir a benevolência ou negatividade dos abstratos pensamentos ou sentimentos, estes certamente serão retidos pela mente subconsciente, que instantaneamente trabalha a curto e a longo prazo para que tudo seja trazido e experimentado à realidade externa. Não importa o que deseja eleger, a mente subconsciente, ao seu tempo, mobilizará o que for necessário para realizar o ordenado.

É notável que, além da realidade das emoções ou sentimentos, e também por meio dos pensamentos, se cria a realidade da matéria, os bens materiais. É incrível, nesse contexto, refletir que tudo que os seres humanos, em termos de acervo (capital), possuem na sua atualidade (realidade), e que adquiriram no decurso de suas vidas, indubitavelmente provém do que se tem pensado e armazenado em suas mentes. A ação e execução dos projetos de vida é tão somente o reflexo "materializado" dos pensamentos, tanto como a não ação, a desistência e a não conquista também.

Compreende-se, dessa maneira, que o carro, as roupas, a casa, o estilo de vida que se detém no momento presente, no agora, por exemplo, foi primeiramente pensado consciente ou inconscientemente, e posteriormente foram executadas ações para as devidas aquisições. Todavia, as não conquistas vêm também dos pensamentos, os quais geralmente se classificam de incapacidade, impossibilidade, negatividade, desistência, e obviamente de não ação, o que indubitavelmente cria a realidade do nada. Quem acredita não ter ou ser capaz de ter, consegue cem por cento do desejado: nada.

Sendo assim, para desfrutar-se da realidade dos bens materiais "desejados", primeiramente se deve pensar ser possível conquistá-los, posteriormente vem a ação, que, na maioria das vezes, exige uma forma de se conseguir dinheiro para a compra do pretendido, e, para obter esse recurso, é necessário um trabalho (qualquer trabalho). Os trabalhos então resultam em uma quantia de renda, mensal, semanal ou diária, que dessa maneira oportunizam a realidade de compra material, os bens adquiridos. Dentro desse contexto, entretanto, deve-se levar em conta por que "toda" essa sequência, aparentemente já sabida e simples, parece não funcionar para muitas pessoas, que continuam a "afirmar" ser praticamente impossível ser bem-sucedido financeiramente ou "materialmente", com a vida e as profissões que possuem no momento.

Inúmeros seres humanos estão tão atribulados em reclamar de suas atuais atividades profissionais que não compreendem que, seja qual for o ofício desempenhado, suas mentes estão tão inundadas de negativismo cotidiano que fica indubitavelmente impossível colher algo diferente do fracasso. Quando se reclama a maior parte do dia, quando geralmente nada está bom, nada funciona, e nada acontece, se seguirmos a mesma linha, as leis, nada se conquista.

Essas mesmas pessoas, por sua vez, também não conseguem reverter esses comportamentos, pois nem sequer percebem que possuem esses maus hábitos de só reclamar. Consequentemente, continuam dessa maneira, ausentes até mesmo da compreensão do fato que todo trabalho é meritório e atende uma escala de rendimentos, baseado desde um mínimo até um máximo, acarretando ao indivíduo que desejar atingir ao extremo, o máximo, dentro da sua profissão, a conferir similarmente o estímulo de si em contrapartida.

"No que diz respeito ao empenho, ao compromisso, ao esforço, à dedicação, não existe meio-termo. Ou você faz uma coisa bem-feita ou não faz"
(Ayrton Senna).

"Faça ao próximo o que gostaria que fizessem por você" (Mateus, 7:12).

Esse é sem receio o mais aconselhável método para se crescer profissionalmente e apoderar-se de mais benefícios, dinheiro, e tudo o que se deseja no mundo cotidiano do trabalho. Se a finalidade é de transformar a realidade do que se possui atualmente, faz-se necessário se instituir o bem, começando pelo humor em tempo integral, a dedicação às tarefas diárias, sem esperar nada em troca vindo dos chefes, colegas, clientes etc. Deve-se fazer porque se acredita na benevolência, no que é correto, tanto quanto se deve desejar diariamente aprimorar o *CONHECIMENTO*, para que o desenvolvimento pessoal, evolutivo, bem como profissional, aconteça gradativamente, dispondo desse modo de um objetivo definido, e de onde se almeje chegar.

"Nada se obtém sem esforço; tudo se pode conseguir com ele"
(Ralph Waldo Emerson).

Logo se percebe que a mudança pretendida se equilibra com a realidade, em todas as situações vivenciadas, que resultam e criam maravilhas aos que realmente colocam essas ideias em prática.

Contudo, ao pressuposto que o indivíduo não desempenha a dedicação máxima em sua atual atividade profissional, fica evidente que, dentro do contexto em que o nosso universo é formado, todo por leis, desde a da gravidade até as leis básicas cotidianas, não seria "justo" ou "honesto" receber uma grande quantia de dinheiro mensal, sem o seu devido merecimento em esforço empregado, seja este físico, humano, intelectual, mental ou outro qualquer.

"Dar menos do seu melhor é sacrificar um dom recebido" (Steve Prefontaine).

Portanto, pode-se definir, nessa reflexão, que os bens materiais que cada ser humano administra em sua posse estão alicerçados no que ele aceita e mantém arquivado em sua mente, no que ele acredita, sabendo ou não, e obviamente conectado com a forma como desempenha as ações para esses fins, seja físico (esforço/dedicação), mental (reclamação/equilíbrio) ou intelectual (estímulo/conhecimento), para melhorar sua atual situação.

"Quem reclama permanece, quem agradece prevalece" (Douglas Faoro).

Suponha-se também que na atual empresa, ou companhia, "nunca" se tenha a intenção ou a opção de oportunidades de crescimento, ou que ela não valorize seus funcionários mais dedicados a alcançar remunerações maiores, compreender o fato e praticar a expressão já citada anteriormente que está em *Mateus, 7:12*:

"Faça ao próximo o que gostaria que fizessem por você".

Faz-se notável e manifesto que o poder "misterioso" do subconsciente, da mesma forma, não lhe permitirá trabalhar em lugares nos quais sua energia não se conecte com a injustiça do local. Contudo, a diferença é que a prática do bem, o esforço e a dedicação que se transmite a todos a sua volta, indubitavelmente, fazem-no conectar com similares, que apreciam e precisam de pessoas assim, movendo dessa maneira o possível e impossível para lhe gerar melhores oportunidades.

"A mente que se abre a uma nova ideia jamais voltará ao seu tamanho original" (Albert Einstein).

"A liberação do poder do átomo mudou tudo, exceto nosso modo de pensar. A solução para este problema reside no coração da Humanidade" (Albert Einstein).

A segunda forma que deve ser levada em conta e que explica o porquê de os seres humanos não possuírem os bens materiais que "desejam" em sua atualidade é o que têm armazenado em suas mentes sobre como administrar, a forma de gastar, investir, usufruir ou priorizar o seu dinheiro para a aquisição desses mesmos bens.

Visto que tudo que se deseja ou se ambiciona obter, em nível "maior", pode ser um motivo dos pensamentos instantâneos e comentários, por exemplo: "isso seria irrealizável adquirir", dado ao exorbitante preço, ou "isso está longe da realidade", sabendo disso ou não, torna-se inevitável que a mente subconsciente aceitará essa intenção e concederá o supremo do solicitado. Nessa circunstância, "nunca" será possível adquirir, pois tudo que se acredita ser impossível de conquistar se converterá em realidade de fato.

"O progresso é impossível sem mudança; e aqueles que não conseguem mudar as suas mentes não conseguem mudar nada" (George Bernard Shaw).

Partindo novamente desse pressuposto, é necessária uma reprogramação do citado anteriormente, não mais o que pensar, e sim como pensar. A escolha em ser negativo ou positivo pertence a todos, conquanto a consequência dela afeta não somente no âmbito financeiro, mas também todas as áreas da vida, inclusive no pessoal e no relacionamento com as demais pessoas.

Imagine um navio com seu capitão a bordo, ordenando à tripulação que trabalha no convés e ela não questiona nem se preocupa em que direção, velocidade ou qualquer outro requisito o capitão demanda, apenas executa as ordens, mesmo que estas possam levar o navio direto para as pedras. Assim funciona a mente consciente, como o capitão, e a mente subconsciente como a tripulação, cada um desempenha o seu papel da melhor maneira possível.

Na iminência em que se inicia um estudo de autoavaliação, livre de crenças, meramente analisando como as coisas podem ser de fato, é possível assimilar que muito do que se intenta transmitir para os outros, pensando ser o melhor de nós, como seres humanos, é captado algumas vezes de forma muito diferente pelos demais. Você gosta de pessoas mal-humoradas, irritadas, reclamando o tempo inteiro? Pois bem, se você repete essas atitudes, mesmo que ocasionalmente e sem perceber, pois não tem o hábito de prestar atenção em si mesmo, possivelmente essa possa ser uma das razões pelas quais algumas pessoas podem aparentemente não gostar muito de você. Consequentemente, não é o mundo que é péssimo, são os seres humanos que criam um ruinoso, agitado, difícil e, às vezes, insuportável dia a dia.

Certa vez, um grande amigo me deu uma dica, que ouvi de forma descontraída e atenta, porém marcante e significativa. Ao me sugerir a indagação de que se eu realmente gostaria de saber quem eu era, a melhor opção era disfarçar-me, fingir ser outra pessoa e perguntar ao porteiro do prédio onde resido, quem sou eu. Ele indubitavelmente me descreveria melhor do que ninguém, a minha conduta, os meus hábitos, bons e ruins.

Fundamentado nesse ponto, dispomos agora a opção de continuar como somos, contudo, sabendo que existe a possibilidade de sermos diferentes aos olhos dos outros ou dar-se-á o primeiro passo a procurar entender os nossos pensamentos/hábitos cotidianos.

Racionalmente, pode-se observar outro ponto de vista para refletir sobre essa questão, suporta-se a possibilidade de que a forma que um ser humano se apresenta, fala, externa ou, até mesmo, o que possui em termos de bens materiais, nos possibilita refletir sobre quem ele decidiu ser internamente, mais uma vez, ele sabendo ou não.

Deus não é o culpado dos problemas, muito menos o lugar ou as condições e oportunidades de vida que você tem ou teve, porque o que é problema para uns, pode não ser para outros. Dado a isso que todos os seres humanos são os reais causadores e responsáveis pelas suas próprias angústias, mau humor, descrenças, infelicidades e uma série de fatores que se vivencia diariamente.

O hábito de reclamar e se irritar com determinadas situações corriqueiras faz com que o subconsciente envie os melhores sentimentos de irritação para a própria realidade. O subconsciente é exímio em devolver o solicitado, "sempre", seja este bom ou ruim.

A mente consciente e a subconsciente trabalham juntas em *equilíbrio e harmonia*: a consciente somente pensando, e a subconsciente arquivando e trabalhando para devolver 100% do pensado à realidade. A criação divina é perfeita, entretanto muitos humanos a usam para seu próprio prejuízo. Desse modo, certifique-se de que a sua cabeça esteja ocupada somente com coisas positivas, detectar quando não for assim, e esforçar-se para reverter, isso facultará em uma das maiores verdades da história.

"Mantenha seus pensamentos positivos, porque seus pensamentos tornam-se suas palavras. Mantenha suas palavras positivas, porque suas palavras tornam-se suas atitudes. Mantenha suas atitudes positivas, porque suas atitudes tornam-se seus hábitos. Mantenha seus hábitos positivos, porque seus hábitos tornam-se seus valores. Mantenha seus valores positivos, porque seus valores tornam-se seu destino" (Mahatma Gandhi).

Dicas

- Cuidado com o excesso de informações negativas que você lê, elas serão todas arquivadas no seu subconsciente e, em algum momento, retornarão para sua realidade.
- Encha sua cabeça com o que é realmente bom.
- Somente o bem é bom e duradouro.
- Seus sonhos podem provar o quanto o seu subconsciente é poderoso, pois têm o poder de reproduzir a realidade que nem o melhor computador do mundo conseguirá.
- Tudo que foi, é ou será inventado, foi, é, e será produzido primeiro dentro da mente do ser humano.
- Abra sua mente e constate que a mente humana é o maior poder existente.

A PRÁTICA FAZ A PERFEIÇÃO

Muitos atletas de alto nível, além de empregarem as fatigantes repetições (treino) para agregarem suas performances em competições, já atuam quase que diariamente com assistência de psicólogos para que, na mesma proporção física, estejam sempre equilibrados mentalmente. Conceituadas e conhecidas marcas de esportes divulgam algumas curiosidades nesse campo. A multinacional Asics, que tem seu nome inspirado em uma frase do latim *"anima sana in corpore sano"* (mente sã, corpo são), é um exemplo de como a saúde mental é importante no atingimento do sucesso, seja ele pessoal ou profissional. Também a renomada Nike dispõe como bordão inspirador o *"Just do it"* (apenas faça), enfatizando um "acredite" nisso.

Da mesma maneira, os atletas anteveem que requerem e necessitam de uma mente totalmente saudável para que sustentem suas melhores decisões e marcas. Muitos esportistas do atletismo e pilotos de Fórmula 1, por exemplo, relatam que já disputaram suas provas mentalmente antes mesmo de competirem de verdade, mentalizando assim todos os pontos e situações que percorrerão durante o percurso. Desse modo, notoriamente "sentem" essa vivência mental e a utilizam na "realidade" que desejam sentir e atingir durante a competição, algo muito próximo a uma meditação de nível bem profundo.

Uma vez que se adquire uma profunda concentração e acredita-se que o pensamento positivo, somado aos treinos, pode ser fator determinante, o subconsciente tende a recompensá-los com os melhores sentimentos, efeitos, impressões, sensações, situações e oportunidades, possibilitando por consequência uma superioridade e, de certa forma, vantagem para que triunfem em seus desafios.

Na circunstância em que se compreende e admite que o pensamento assimilado como verdade conceberá que o subconsciente lhe devolva o melhor sentimento, momento, situação e oportunidade, todos os seres humanos podem e devem utilizar esse poder em qualquer área, basta apenas acreditar e praticar. Essa sem dúvida é a melhor maneira de se certificar da existência desse "misterioso" poder.

"O conhecimento dirige a prática; no entanto, a prática aumenta o conhecimento" (Thomas Fuller).

Dicas

- Todos os seres humanos vivem simultaneamente em dois mundos: o mundo interior, dos sentimentos; e o mundo exterior, da matéria.

- A imersão na rede social demonstra a existência do mundo interior, ou seja, corriqueiramente não importa onde se está ou com quem se está. Na maioria das vezes, estão todos tão compenetrados dentro dos seus equipamentos eletrônicos que nada que aconteça na realidade externa terá muita relevância.

- O mundo interior pode ser maravilhoso e ao mesmo tempo perigoso, pois aprimora e potencializa sentimentos, tanto os de alegria como os de inveja.

LEI DA ATRAÇÃO

Sabemos que muitos povos e culturas usam o módulo "parábola" para explicar suas maiores crenças, o próprio Jesus explicou muitos dos seus ensinamentos nesses termos, dando assim a possibilidade de até um "analfabeto" entender o verdadeiro sentido da explanação.

A lei da atração é um desses assuntos que parece ser lenda ou algo difícil de ser assimilado dentro da realidade, mas, se comparado a vários estudos científicos já elaborados, nos campos da mente consciente e subconsciente, certamente encontraremos muitas correlações surpreendentes que valem ser compartilhadas.

A lei da atração é um desses assuntos milenares que intrigam a humanidade, pois, segundo essa teoria, você já está utilizando-a neste exato momento, mesmo sem saber que está.

Para compreender a lei da atração, ou lei do retorno, é muito simples, ela está baseada em tudo que no universo é energia; sendo assim, nossos pensamentos e nossos sentimentos estão muito relacionados com ela.

Segundo diversas fontes científicas, e como também é relatado no próprio livro *O Segredo*, de 2007, *best seller* mais vendido no seguimento, escrito pela australiana Rhonda Byrne, considerada pela revista *Time Magazine* uma das 100 pessoas mais influentes do mundo, um ser humano tem em média 60 mil pensamentos por dia, sendo estes na sua grande maioria "pensados" pela mente subconsciente, ou seja, não monitorados ou percebidos pela mente consciente.

A única forma então de saber o que se está pensando o tempo todo seria prestar atenção em como andam as emoções (sentimentos).

Todos esses pensamentos emanados ao universo, como forma de energia, são, de alguma forma, conectados com essa mesma "força", em algum lugar do cosmo, resultando assim na sua realidade devolvida (retorno) e experimentada. O que pensamos, conscientemente ou não, vibra para o universo e atrai mais daquela mesma energia, a única questão aqui é que essa troca de vibrações, segundo a lei, acontece o tempo todo, nós saibamos disso ou não. Por esse motivo, o hábito de pensar muito em alguma coisa que não quer que aconteça, já pode atrair essa "energia" para você.

Para ela funcionar positivamente, você precisa começar a prestar atenção nos seus pensamentos, procurar ver o lado positivo de todas as situações, imaginar tudo que deseja de melhor na sua vida e o mais importante: sentir seu corpo vibrando como se já tivesse conquistado esse objetivo. Você precisa pensar, criar imagens na sua mente e sentir no agora, tempo presente, como pensa que vai se sentir quando conseguir realizar seus desejos, mais ou menos como se descobrisse neste exato momento que ganhou na loteria. Você provavelmente sentiria uma vibração muito intensa, mesmo antes de colocar a mão no montante de dinheiro, pois já saberia e acreditaria que ele é seu, mesmo não o tendo ainda. Esse mesmo pressuposto se deve fazer com as demais áreas da sua vida, criar e sentir no seu dia a dia o que imagina que vai sentir quando atingir o que é desejado.

Para exercitar, você poderá criar imagens com antecedência, na sua mente, de como irá se sentir ao realizar seus desejos e prestar atenção nos seus pensamentos, para que estes sejam os mais positivos possíveis ao longo do dia. Você estará emanando ao universo somente coisas boas, as mesmas que deseja atrair, exatamente como um ímã, se tudo é mesmo energia, nada mais real e justo que a energia liberada de cada um encontrar-se com energias de mesma carga que estão por toda a parte (inspirado no canal "Fatos desconhecidos" do YouTube).

"Você é um ímã vivo; você atrai para a sua vida pessoas, situações e circunstâncias que estão em harmonia com seus pensamentos dominantes.

Qualquer coisa em que você se concentre em nível consciente se manifesta em sua experiência"

(Brian Tracy, A lei da atração, o segredo colocado em prática).

Dicas

- Acreditando ou não, todos nós estamos criando a realidade por meio dos pensamentos.
- De tudo que se reclama, se atrai mais para a realidade, basta refletir sobre.
- As energias se atraem e se repelem.
- Não é possível ser pessimista e ser feliz.
- Tudo que você é ou possui até hoje é resultado de tudo que você tem arquivado dentro de você.
- O que você tem arquivado dentro do seu interior?

LEIS DA CIÊNCIA

Terceira Lei de Newton

Realçar-se-á aqui a similaridade com os conteúdos de ação e reação dentro do campo científico, que, de certa forma, evidencia a teoria da lei da atração como interessante em nível de veracidade. Toda ação tem uma reação, eis a chamada Terceira Lei de Newton, que está muito presente no nosso cotidiano e nos revela isso a todo momento. Considere duas pessoas se batendo de frente, ou um balão, após ser cheio de ar e solto, ou até mesmo quando um jogador de futebol cabeceia uma bola. Newton nos revela que uma F (força) exercida sobre outra, resulta em outra -F (força) (o sinal negativo é para mostrar que sempre tem sentido contrário), isto é, aplica-se uma força e ela remete, em suas devidas proporções, a ela mesma de volta.

Ratifica-se assim que toda vez que um corpo (A) exerce uma força sobre um corpo (B), este mesmo corpo (B) exerce de volta uma força sobre o corpo (A). Essa então é chamada Terceira Lei de Newton, ou seja, toda energia empregue retorna na mesma medida a ela mesma. Advém, dessa maneira, por essa lei, afirmar que toda ação experimenta uma reação.

Imagem 1 - Ação e Reação

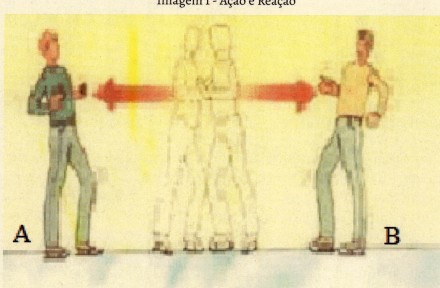

Fonte: vamosestudarfisica.com

Como vimos na Figura 1, toda e qualquer ação resultada no universo gera uma fonte de energia como efeito de retorno.

Teoria Geral da Relatividade

Albert Einstein ratificou que *"toda massa é conteúdo de energia"*, ou seja, tudo no universo origina-se de pura energia.

Em 1915, Albert Einstein publicou a sua Teoria Geral da Relatividade, na qual, em um fragmento dos seus estudos, foi revelado que a gravidade não é uma força causadora de energia, e sim a consequência ou efeito de uma deformação do espaço-tempo da matéria.

Imagem 2

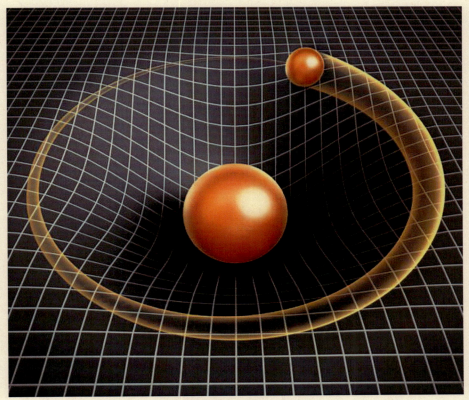

Fonte: Hypescience.com

    Pela foto podemos ver claramente que o que se interpreta como nada (vazio) é sim alguma coisa, parecido com um "tecido" de energia, que, ao receber o peso da massa, afunda-se, forjando dessa maneira qualquer elemento de massa (planeta), por exemplo, dispondo da obrigação (lei) em girar em torno da sua estrela mais próxima, causadora da maior deformação no espaço-tempo.

    A força gerada nesta teoria é conhecida como Força da Gravidade e explica o porquê das coisas, quando suspensas e soltas, caírem. Esta força não é causa, e sim efeito, explanando, em proporções não só aqui na Terra, mas em todo o universo. Novamente, toda ação tem uma reação, toda causa tem um efeito, seja ela boa ou ruim, positiva ou negativa.

"Se tudo no universo é regido pela lei da causa e efeito, porque só com nossos pensamentos e sentimentos seria diferente?" (Douglas Faoro).

Dicas

- Tudo está conectado de alguma forma.
- O nada não existe, o nada é alguma coisa, o nada é energia.
- Toda massa é conteúdo de energia.
- Toda ação recebe uma reação, de mesma proporção.
- Pensamento é energia, vários braços mecânicos funcionam perfeitamente bem com o poder do pensar e não estão ligados a nenhuma fonte "geradora".
- Você é energia.

TENTATIVA

Múltiplas são as pessoas que intentam pensar positivo ou até as que se julgam "religiosas" relatam nunca terem tido êxito em realizar seus desejos almejados. Sejam estes pelo poder do subconsciente, da lei da atração, universo, energia ou até mesmo pela fé. A presumível falha para que não consigam alcançar o sucesso em seus mais profundos desejos seria que essas pessoas não assimilam a lei como um todo, normalmente porque se empolgam apenas por um curto período de tempo e desistem como a mesma rapidez que iniciaram as suas tentativas, não dando, desse modo, chances nem tempo suficiente de experimentarem tal poder.

"Vários dos fracassos da vida vêm de pessoas que não perceberam o quão perto estavam do sucesso quando desistiram" (Thomas Edison).

A energia demandada nas tentativas deveria ser encarada como algo que possui início, e não fim. Imergir acreditando e não desistir de alcançar o desejado se faz fundamental para realizar o objetivo. Mesmo quando este pareça ser impossível aos olhos humanos e científicos, pois notoriamente, aos afortunados que não desistem nunca, o resultado final normalmente se apresenta bem real e é conhecido como milagre.

Contudo, o mais surpreendente, aprazível, estupendo, deslumbrante, extraordinário e fascinante é que esses acontecimentos sem explicação são tão usuais e ocorrem com tanta frequência para quem tem fé, que a ciência não os nega, conquanto os evite, e a população acredita, entretanto não os consegue praticar.

"A satisfação está no esforço e não apenas na realização final"
(Mahatma Gandhi).

OS CINCO SENTIDOS

Desde a infância, se aprende a diferenciar os próprios sentidos, que são destacados como cinco: Olfato, Visão, Audição, Paladar e Tato. No entanto, o curioso destaca-se quando se direciona atenção à palavra "sentidos", denominação condicionada a "sentir" sentimentos.

Qualquer um dos cinco gera sensações físicas, contudo, essa gama de emoções tem por natureza expressar alguns sentimentos mais impetuosos e intensos do que outros, tanto quanto alguns menos notórios e despercebidos. Depende do momento e da ocasião, mas, na verdade, sentimos a toda hora, a todo instante, alguma coisa.

Esses sentidos se fazem tão especiais, pois levam ao que considero a maior graça de estar vivo, o sentir, sentir a "vida" de certa maneira e tudo que ela nos proporciona.

Pode-se correlacionar a mente com essa mesma capacidade misteriosa, tema esse tratado mais à frente, do sexto sentido, pois notoriamente nem tudo que existe é visível aos olhos. Não se faz possível ver a vida ou o vento, por exemplo, conquanto se sabe que ambos existem e os podemos sentir.

Sente-se o cheiro, o gosto, o som, o toque, tudo isso concebe sentimentos que, dependendo da ocasião, se experimentam da euforia à tristeza, em um piscar de olhos. Esses cinco sentidos são a premissa pelo que se vive, apenas não se percebe com veemência, que nada material e nenhum dinheiro do mundo é mais valioso do que o sentir.

Não existe regozijo ou bem-estar em consumir uma comida sem gosto, por exemplo, independentemente do lugar que se faça presente ou sua valia em termos de preço, se não existir a possibilidade de sentir, nada será muito prazeroso, pois notoriamente sem sentir, nada faz muito sentido. Essa reflexão direciona e impulsiona o pensar e valorizar os nossos cinco sentidos, que são meritórios e de graça, verdadeiros presentes da criação, dado que, ao momento que a visão não fosse possível, ou o recurso de ouvir estivesse inapto, certamente enaltecer-se-ia esses sentimentos (órgãos proporcionadores) a mais valorosos e valiosos que o dinheiro, sucesso, ouro ou prata. Vale a ponderação, pois todos esses "bens" estariam em segundo plano se o sentir não fosse possível fazer-se real.

Ao defrontar-se, conceber olhar para dentro de si e verificar que sentir é a razão mais valorosa da vida, despertar-se-á questionar o porquê ainda somos tão aficionados pelos bens materiais. Essa explanação não tem por objetivo desvalorizar a conquista por dinheiro, pelo contrário, explicarei num capítulo próximo o que considero como fundamental para essa questão, que está baseada na palavra "equilíbrio". No entanto, é recomendado apenas ponderar e considerar que felicidade é um sentimento gratuito, que indubitavelmente senti-la vem de dentro, e muitos seres desprovidos de riquezas a usufruem com a mesma regularidade e intensidade que muitos milionários.

Sentir é algo intocável, inexplicável, incalculável e único para cada indivíduo, não é matéria, é um "montante" de energia que flui e age diretamente sobre o elemento que é o corpo humano. Sentir é um privilégio de poucos, dadas obviamente as dimensões do nosso universo conhecido.

"É só dos sentidos que procede toda a autenticidade, toda a boa consciência, toda a evidência da verdade" (Friedrich Nietzsche).

Esse sentir se faz tão poderoso para o bem quanto para o mal, dado que administrado de forma errônea, provido de negatividade nos pensamentos, cria-se a mais horripilante e afamada arma contra si próprio: as doenças.

"Não posso escolher como me sinto, mas posso escolher o que fazer a respeito" (William Shakespeare).

Dicas

- Você já é rico, porque tem a capacidade de sentir.
- Sentir é de graça, basta apenas aprender a usar a boa versão.
- Se não existirem sentimentos, nada faz sentido.
- Todos querem "ter" para sentir, porém os que "sentem" para ter são os que realmente aproveitam a vida.
- A vida é o sentir.
- Como tudo na vida, existem também os bons e os maus sentimentos.
- Como você se sente na maior parte do tempo?

O SEXTO SENTIDO

Diferentemente dos cinco sentidos, que são bem notáveis pela maioria, pouco se fala cientificamente sobre o sexto sentido. Em geral, este se conhece de modo diverso: crendice para alguns, possibilidade para outros e consequentemente fato real para outros.

Quando se aborda o conteúdo "sexto sentido", cabe explorar e refletir sobre algo que perfaça sentir (origem), para além dos cinco sentidos relevantes já mencionados: olfato, visão, audição, paladar e tato. Existe outra forma de sentir as emoções e os sentimentos, que é nada mais do que o cérebro se utilizando de órgão armazenador, e a mente como sentido: o sexto sentido.

É credível, nessa conjuntura, consentir que a mente e os pensamentos contêm e suportam também um "sentir", bom ou ruim, eufórico ou melancólico, não importa. Destaca-se apenas como relevante mais um sentido além dos cinco, ainda que, por muitas vezes, não compreendido e aceito.

Para exemplificar melhor a mente humana como mais um dos sentidos, o sexto, teoricamente pode-se tomar como exemplo um ser humano no ócio do labor, no conforto dos seus aposentos, em dias alternativos e diferentes, com a intenção de assistir a algum filme. Mesma visão periférica da sala (visão), sem cheiros ou com os mesmos aromas triviais (olfato), habitual volume do som da televisão ou equipamento (audição), mesma poltrona (tato), como de costume uma porção de pipoca ou café (paladar); pois bem, essa seria só uma referência de que, além dos cinco sentidos já conhecidos, se é capaz de utilizar a mente como mediadora no aspecto de como também sentir, entretanto em diferentes ocasiões. Dessa maneira, cabe explanar que, em certos dias, esse arranjo descrito será magnificente e prazeroso e ter-se-á uma tarde amena na frente da televisão, gerando desse modo bons sentimentos; todavia, outras vezes, o mesmo "formato" não se cumpre a assistir nem aos primeiros capítulos, e a "mesma" tarde se faz monótona e de frustração, baseada em péssimos sentimentos e emoções, que se assemelha muitas vezes ao murmúrio de que a vida é tediosa. De fato, nada mudou, apenas os pensamentos que se transmudaram mentalmente. Os pensamentos estipulados em ambos os momentos tornaram-se determinantes aos sentimentos obtidos e consequentemente "sentidos" junto a essa tarde de folga. Neste simples exemplo, convém considerar que tudo que possa produzir sentimentos e venha a ser refletido no corpo físico deverá ser tomado como um sentido, portanto, a mente também é um sentido.

Nesse contexto, o sexto sentido é tão impressionante e poderoso que, embora não estudado de forma popular, muitos acreditam ser desconhecido por ser tão poderoso, e talvez o ser humano, ainda na sua inabilidade de entendimento dos poderes ocultos, prefira deixar essa exploração abstrata.

O sexto sentido tem algo misterioso, também chamado de intuição, algo que está inserido dentro das profundezas da mente subconsciente, algo que pode revelar o futuro, algo que se sabe que é verdade, mesmo quando ainda não se conhece a verdade, algo que quando trabalhado pode vir a conter a chave da vida.

Dicas

- Seu subconsciente armazena o seu futuro.
- O sexto sentido está relacionado à mente subconsciente, pois, por meio dos pensamentos armazenados nela, também se faz possível sentir o bom ou o ruim.
- O que todos realmente querem é se sentir bem, não importa o lugar.
- Pense positivo e irá se sentir bem.
- Pense negativo e irá se sentir mal.
- Tudo que você afirma com palavras que você é, você realmente é.
- Tudo que você afirma com palavras, você precisou pensar antes de falar.
- O que você normalmente fala para os outros que você é, você é?
- Você já prestou atenção em tudo o que você fala no dia a dia?

SENTIMENTOS

A temática "sentimentos" demanda a mais alta importância na vida dos seres humanos, pois, como já referido anteriormente, ela indica como a vida é experimentada. Desse modo, está relacionada com o que se quer auferir em termos emocionais; a felicidade, por exemplo, é um sentimento muito almejado em geral, um vocábulo-resposta quase que automático para a maioria das pessoas quando questionadas sobre o que mais se aspira em termos de vida. Ser feliz possivelmente suporta a maioria das respostas, a dissemelhança, todavia, é a escassez de assimilação em relacionar felicidade a um sentimento, e não à materialidade, como dinheiro e posses. Contudo, é possível ser feliz e não somente estar feliz, dada a diferença que existe entre prazer e felicidade; estar é temporal, ser é eterno.

Persevera uma ambiguidade muito grande entre a definição das palavras "prazer" e "felicidade", que em muitas oportunidades são confundidas e, dessa maneira, influenciam na batalha desesperada em buscar somente a autossatisfação.

Uma vez ouvi uma história de uma médica que trabalhava em uma grande cidade (capital), e que se sentia integralmente enigmática em continuar nela, ou mudar de vez para o interior, para uma cidade menor, onde a vida "torna-se" mais pacífica, simples e tranquila. Como já sabido, em cidades grandes enfrentam-se muitos congestionamentos, tanto para ir quanto para vir, o que obviamente está relacionado com a qualidade de vida. Neste caso em específico, as altas temperaturas do verão também potencializavam mais um fator determinante para essa profissional reter dúvidas em continuar ali desempenhando suas funções ou não. Exercia a profissão de pediatra em mais de um local, atuava também em uma organização com o intento de acudir vidas, minorar a penúria e apadroar os mais necessitados. Sempre que possível, em suas ociosidades ela viajava por cerca de algumas horas até uma pequena e montanhosa cidadezinha do interior, onde gozava horas de lazer e descanso, exatamente como almejava um dia vir a chamar de casa.

DOUGLAS FAORO

Nesses momentos de lazer, apreciava a natureza, bem como os pequenos e simples restaurantes locais. Por algum tempo essa médica já andava a sonhar em mudar de vez para um lugar desses; com suas aptidões e experiência, não seria difícil encontrar um trabalho em algum hospital ou unidade de saúde nas proximidades. Localidade essa da qual não somente o descanso esporádico faria parte, mas em que também a rotina diária de "felicidade" e bem-estar incrementaria o cotidiano.

Nos momentos em que se pegava pensando sobre o assunto, a única coisa que ainda a inquietava era a indagação de esbarrar com a realidade de que talvez em cidades pequenas a medicina aplicada não comportaria mais para acudir crianças em situações desfavoráveis, e sim adultos de um modo geral, voltada ainda mais para idosos, que normalmente são a maior parte da população em menores e afastadas cidadezinhas.

Essa dubiedade cruel já a perseguia havia algum tempo, contudo, não a impossibilitou de prosseguir com algumas aplicações e chances avistadas, até que topou com a replicação em seu e-mail de que a oportunidade fora criada, e caberia a ela agora se fazer a mais nova médica da pequena cidade onde por muitos anos suas baterias foram recarregadas.

Esse "triunfo" gerou um alvoroço de sentimentos internos, pois nas próximas semanas ela estaria não só mudando de endereço e emprego, mas, sim, chegaria a hora do adeus à capital confusa e quente e também ao tratamento, caridade e possibilidade de ver seus pacientes da pediatria se desenvolverem com êxito. Estava renunciando, dessa maneira, viabilizar não só um auxílio médico, como um trabalho amoroso, em termos de direcionamentos e brandura, que por muito tempo resultou diretamente em florescer e transformar a vida de muitas crianças.

Emaranhada por muitas opiniões de familiares e amigos, tanto a favor quanto contra a sua decisão, considerou ela sondar uma pessoa espiritual, não religiosa, mas, sim, um indivíduo de quem ouvira falar, que estava sempre envolvido em amparar aos desprovidos financeira e emocionalmente, era ele extremamente conectado com Deus e a bondade e honestidade o faziam perceptível a todos a sua volta.

A FASCINANTE FORMA DE ENTENDER A COISA TODA

Ao explanar toda a sua história para o senhor e intentando porventura receber no mínimo uma breve comparação entre as duas situações relatadas, surpreendida ela foi, pois ouviu dele apenas uma única frase, que dizia o seguinte: *"Não confunda prazer com felicidade"*.

Ao se defrontar com essa resposta, conjecturou e distinguiu que mudar para aquela "cidadezinha" em outra e qualquer situação presumivelmente a faria feliz, mas naquele momento a resposta do seu autoquestionamento pela frase ouvida remetia mais em perfazer seu prazer do que lhe conceder felicidade, legando-lhe, desse modo, a agudeza de percepção que a felicidade realmente se encontrava em cada sorriso que conseguia arrancar dos seus pacientes que ali estava a assistir, independentemente dos problemas que uma cidade grande acarreta. Ela identificou e assimilou pelo seu "próprio" ponto de vista a diferença entre prazer e felicidade.

Temos potência, dessa maneira, de averiguar sobre essa história que ainda é muito grande o desalinho sobre a relação entre os muitos sentimentos existentes, e que o prazer faz parte da lista e não pode ser, de forma alguma, confundido com os sentimentos (ansiados) de paz e de felicidade, por exemplo. A paz e a felicidade, por sua vez, estão formatadas em um estado de espírito, em uma forma de viver e ser, que não suporta ser obtida com dinheiro, diferentemente do prazer, que pode ser comprado.

Quando buscamos o prazer em si, nossas lembranças nos remetem ao que é "bom", caracterizado pela intensidade do sentimento já experimentado, conquanto, normalmente, isso passa muito rápido, atribuindo, dessa maneira, mais um motivo pelo qual muitas das pessoas, com a vida financeira abundante, experimentam o mundo da luxúria, adquirem bens com facilidade e às vezes continuam infelizes, pois à medida que se supre o prazer, logo se deseja outro, mais intenso e maior para substituí-lo.

"Jamais considerei o prazer e a felicidade como um fim em si e deixo este tipo de satisfação aos indivíduos reduzidos a instintos de grupo" (Albert Einstein).

Explanaremos a seguir uma visão mais aprofundada sobre os sentimentos que são gerados e refletidos no cotidiano, abrangendo os seis sentidos.

A partir das nossas experiências diárias, vamos refletir um pouquinho sobre os sentimentos mais conhecidos que vivenciamos.

Sentimentos bons

Amor, compaixão, paz, fé, felicidade, entusiasmo, equilíbrio, harmonia, alegria, fé, esperança, respeito, bondade, união, caridade, coragem, gentileza, tranquilidade, liberdade, ternura, honestidade, disponibilidade, serenidade, satisfação, boa intenção, paciência, perdão, delicadeza, energia, agradecimento.

Sentimentos ruins

Raiva, medo, dúvida, angústia, tristeza, descrença, preocupação, ódio, solidão, agressividade, ansiedade, pavor, rancor, fracasso, arrogância, instabilidade, inquietação, vítima, luxúria, inveja, ciúme, negativismo, irritação, pressa, preguiça, carência, fanatismo, frieza, indiferença, gula.

Ao ponderar cada um desses sentimentos, notar-se-á adicionalmente o poder que se dispõe arquivado no "eu", dentro da mente (subconsciente), onde todos esses sentimentos perduram vivos, esperando somente o comando para eclodirem mais uma vez na realidade física. Todos os seres humanos reconhecem intimamente esses sentimentos e acham-se capazes de tomá-los na prática a qualquer momento, entretanto, como não se faz entendível acessar o subconsciente, onde eles estão arquivados, não se pode, de uma forma "automática", escolher se servir somente dos "positivos". Desse modo, então, inesperadamente, é a forma como mais se vivem essas emoções.

É visível o fato de que, quando nos deparamos com qualquer situação habitual inesperada, como chutar a quina da cama, por exemplo, o sentimento que floresce na realidade física é normalmente "sentido" pelo que se elegeu no passado estabelecer como verdade sobre essa circunstância; independentemente da dor física, algumas pessoas, por exemplo, escolhem os bons, sorriem e acham graça de si mesmas pela falta de atenção, enquanto outras escolhem os ruins, e já mudam dessa maneira seu humor, muitas vezes o resto do dia. Tudo pelo simples fato da não consciência de conceber que tudo isso é questão de inteligência emocional.

Os seres humanos são habilitados a mensurar qualquer um dos sentimentos, armazenados dentro da mente, positivos ou negativos, intensos ou banais, um a um e por ordem, desde os que mais estimam ou os que mais repugnam, isso dado ao simples fato de imaginá-los. Nesse contexto, mesmo com a capacidade de percepção, fica difícil fazer a escolha do que usufruir, é fato que muitos seres humanos não percebem, hipoteticamente falando, que, no decorrer de um dia, mesmo repugnando-se da maior parte dos maléficos (negativos) sentimentos existentes, os usam e os aplicam em situações de seu cotidiano, às vezes o dia inteiro.

Esses sentimentos negativos são notados e estarão sendo pensados quando se perceber irritação, preocupação, arrogância, mau humor etc., por exemplo. Já se pode refletir que a tendência que se tem em pensar que se está desgostoso com a vida e não conseguir apontar o real motivo, tem um motivo, os maus pensamentos.

Desse modo, somos nós capazes de saber, sem prestar atenção, quais os motivos que destacam esses sentimentos? Quantos diferentes assuntos e situações geram angústia? A resposta presumivelmente sustenta o "não". E isso ocorre não somente porque nunca se estaciona para prestar atenção em si mesmo. Fazer a autoanálise no momento em que se está angustiado, preocupado ou em qualquer outra circunstância, é o ponto de partida para detectar quais são as perturbações que lhe tiram a paz.

Apontar e nomear de fato os registros e percepções que levam a sentir tudo o que costumeiramente se sente com mais intensidade, de bom ou ruim, será o início de um caminho que o levará a perceber que sentimentos provindos dos pensamentos estão vinte e quatro horas por dia e sete dias na semana acondicionados na mente subconsciente.

A boa notícia é que eles podem ser transmutados, tanto quanto eliminados, pelo simples ato de entender que é hora de raciocinar diferente, pensar positivo.

Seria muito "positivo" compreender que a mais simples conduta de captar o que está a suceder já é o necessário para alterar os pensamentos no exato momento que os sentimentos maléficos estão no controle. A percepção em si se faz muito determinante, pois ela transmuta o foco, mesmo quando este se faz inconsciente. Consequentemente, se elimina a sensação extrema negativa.

Apropriar-se do controle e assumir uma ínfima peleja consigo próprio pode ser trabalhoso nas primeiras experiências, contudo, a incessante continuidade do ato conferirá tamanha relevância para a mente que se tornará um hábito, por consequência, a reprogramação em conceber o novo e deletar o velho se fará presente. Esse estágio é árduo, confuso, enigmático, entretanto o devido esforço gera uma nova veracidade, que se torna notória, clara, apreciável e evidente a você e a todos a sua volta, dessa maneira, não permitindo lacuna para que os danosos sentimentos retornem no futuro próximo.

A diretriz aparenta simplicidade, porém exige complexidade, maturidade e esforço em realizá-la, pois se torna extremamente ampla ao evocarmos todas as áreas a serem aplicadas, com todos os tipos e diferentes sentimentos negativos existentes e, ainda, levando em conta a quantidade de diversos assuntos ou situações que provocam essas assombrosas emoções.

Começar por alguma parte e em algum momento de conflito é o segredo. Pequenas tentativas e você já poderá perceber a conquista dos primeiros resultados, quase que de imediato.

Vale lembrar que estamos falando dos sentimentos que são gerados pela mente, estes que definimos como sentimentos provindos do nosso "sexto sentido", até porque os sentimentos que são gerados por meio dos cinco sentidos (olfato, visão, audição, paladar e tato) também nos levam a sentir o bom e o ruim da vida, contudo normalmente são mais fáceis de ser modificados, pois dependem das ações físicas, como fechar o nariz – hipoteticamente exemplificando, elimina-se o cheiro, e "tende-se" a diminuir também o sentimento ruim.

A FASCINANTE FORMA DE ENTENDER A COISA TODA

Já os bons sentimentos obviamente todos temos vontade de sentir o tempo todo, mas muitos desconhecem que uma mente saudável se faz extremamente necessária para usufruí-los e apreciá-los. A única forma de sabermos se nossa mente é saudável ou não será prestando atenção no que pensamos e sentimos no decorrer de todos os dias.

Somos muito diferentes uns dos outros, vivemos numa constante evolução, emocionalmente falando, e às vezes sentimos muita dificuldade em compreender o motivo pelo qual felicidade para alguns pode ser tão diferente do que é para outros, ou algum tipo de tristeza para outros pode não ser tão triste assim para os demais. Tudo está na mente.

"O homem é o que ele costuma pensar durante todo o dia" (Ralph Waldo Emerson).

Lembro-me de quando iniciei as minhas tentativas em prestar atenção em meus próprios pensamentos durante o dia, tinha uma sensação de que tudo seria muito difícil, contudo, a curiosidade em acreditar que poderia funcionar me movia em continuar produzindo registros. Como não havia contado para ninguém o que estava fazendo, de certa forma isso me tranquilizava para não me sentir um ser "diferente" da sociedade, pensava eu então deste modo: "Se for uma grande bobagem, ninguém vai mesmo saber, entretanto, se não for, terei eu todas as provas de que necessito para mudar minha vida". Dessa maneira, me questionei com iminência e veracidade se as pessoas realmente me enxergavam como eu realmente "sinto" que sou em meu íntimo: honesto, correto, trabalhador, bondoso, simples e humilde. Diferentemente de como poderia estar me mostrando: orgulhoso, vaidoso, intelectual (arrogante) e, de certa forma, soberbo.

Não acredito que se deva ter uma preocupação exagerada com o que os outros pensam a respeito de nós, porém evoluir e aprender se faz necessário e é maravilhoso sentir-se requisitado, apreciado e principalmente amado.

Em princípio, tudo é uma imensa descoberta interna, nunca havia me permitido refletir sobre esse assunto, deixava minha vida no piloto automático, passava dias muito mal-humorado, dias nos quais tudo era bom, dias em que permanecia irritado e outros, eufórico. Assim como eu acordava pela manhã, meu humor geralmente se estendia pelo restante do dia, e minha verdade e o meu conhecimento sempre tinham relevâncias a serem discutidas, pois obviamente eu já havia lido ou escutado em algum lugar "tudo" que pudesse vir a ser conversado, então me fiava que aquilo era a verdade absoluta. Conquanto, com o exercício da reflexão, percebi que todos os assuntos abordados em encontros com amigos e familiares eram passíveis de opiniões diferentes e determinados assuntos eram interessantíssimos, não que eu não soubesse disso, apenas não me atentava ao quanto todos os seres humanos têm a excessiva certeza de que o que estão a falar "é" a única verdade. Consequentemente, tende-se ao péssimo hábito de nunca escutar as opiniões dos demais, perdendo, muitas vezes, a oportunidade de adquirir mais conhecimento. Por esse motivo, é importante, mais uma vez, valer-se da atenta reflexão.

"A maioria das pessoas não escuta com a intenção de entender. Elas escutam com a intenção de responder" (Stephen Covey).

Ambiciona-se normalmente que os outros sempre escutem as nossas opiniões, nossos triunfos, nossas proezas e aventuras, nossos próprios gostos, nosso tudo, deseja-se do mesmo modo que todos elogiem as nossas "aventuras", e por esse orgulho bobo não se atina que o ego é muitas vezes um inimigo que nos sabota.

Para finalizar o início da minha jornada, que estou relatando, estabeleci, desse modo, que iria prestar atenção em mim e antes de expressar minha opinião ou relatar algum fato, mesmo conhecendo-o ou presumindo dominar o assunto (condição essa que eu sempre achara ser verdade), forjei-me a instaurar e praticar uma única pergunta mental: "Douglas, onde você leu ou ouviu sobre esse conteúdo que você está prestes a falar com tanta convicção?". Então quando você realmente governa e assume o controle da mente, antes de enfatizar ao próximo que ele pode estar errado e você certo, mesmo que inconscientemente, percebe que muitas vezes está apenas pretendendo chamar atenção para que continue sendo mais uma das pessoas "inteligentes", em destaque nos corriqueiros encontros ou situações, e, na grande maioria das vezes,

A FASCINANTE FORMA DE ENTENDER A COISA TODA

também continuar a alimentar o íntimo e insignificante, e, a meu ver, pior inimigo, o (EGO), tema que veremos com mais ênfase a seguir.

De fato, indagações desse tipo despertavam a todo instante em minha cabeça, uma coisa era real, eu havia instaurado a ideia de parar de mentir para mim mesmo, condição essa que inúmeras pessoas não praticam por desconhecê-la. Às vezes, o simples fato de querer mostrar o poder, a inteligência, a satisfação própria, omitindo-se do real sentido, que considero ser o motivo por não se conseguir viver em paz, a falta de humildade.

Subsequentemente, começar a falar menos tornará o "falado" mais sábio, e desse modo nos empossaremos da regra de que todos dispomos de dois ouvidos e apenas uma boca.

"Quem de vocês quer amar a vida e deseja ver dias felizes? Guarde a sua língua do mal e os seus lábios da falsidade" (Salmos 34:12-13).

Ouvir e não apenas escutar é, sem dubiedade, um grande desafio, dado que se nota que muito do que se fala no cotidiano é provindo de pensamentos "ignorantes" criados por impulsos apenas para satisfazer o ego.

Admitir que sim, que realmente por muitas vezes queremos ser melhores que os outros, é um bom começo; apreciar o próximo e aproveitar a jornada das coisas, e não somente depositar tudo no destino, é outra boa indicação de sucesso emocional. Quando vivemos e falta-nos a compreensão disso, é o mesmo que escalar uma montanha estando mal-humorado, irritado, preocupado, sem paciência, esperando que ao atingir o topo a felicidade será eterna e imediata.

Evoluir é fundamental para o prazer, e o amor é sem dúvidas o principal ingrediente. Um bom método de início também seria comprometer-se em seguir uma regra simples e diária, que contempla apenas cinco itens:

Um dia a mais sem irritação, preocupação, reclamação, preguiça e um dia inteiro sendo gentil com as pessoas que o cercam. Certamente isso transformará tudo em sua vida. Seria oportuno assegurar que a tentativa do cumprimento dessa regra seria uma forma inteligível de certificar-se da veracidade do que estamos apresentando e que quando você retornar ao seu lar ao final do dia, a sensação de bem-estar será tamanha que se resumirá a indescritível, espantosa, misteriosa, prazerosa e grata prova que possivelmente tudo isso faz sentido.

"Não vos inquieteis, pois, pelo dia de amanhã, porque o dia de amanhã cuidará de si mesmo. Basta a cada dia o seu mal" (Mateus, 6:34).

AUTOSSABOTAGEM

Dando mais um exemplo, quando se "odeia" uma pessoa ou uma situação, o corpo vibra em um alto desperdício de energia e de saúde vital, sente-se uma fúria (força), contudo, essa ira é uma armadilha, pois a pessoa ou situação responsável pelo "ódio", da qual se intente que se prove a "dor", nunca irá experimentar desse sentimento caso ela não odeie o seu emissor. Todo e qualquer sentimento de negatividade afeta apenas o emitente, nos permitindo dessa maneira a clareza em perceber que, quando duas pessoas se "odeiam", ambas sentem seus próprios ódios e consequentemente fazem mal apenas a si próprias. Por esse motivo a Bíblia e outras doutrinas comparam o perdão com a intelectualidade, um verdadeiro dom, pois quem consegue perdoar, bloqueia a força de negatividade emitida, deleita-se pelo livre sentimento de paz e ainda, de certa maneira, ajuda o seu emitente a sentir-se melhor. O primeiro a pedir desculpas é o mais corajoso, o primeiro a perdoar é o mais forte e o primeiro a esquecer é o mais feliz. Quem é você?

Do mesmo modo, quando se almeja viajar e se organiza um tempo para pesquisar lugares, hotéis, e o que fazer, por exemplo, se está na verdade buscando o que melhor representará o sentir nesta ocasião. Ao escolher sentir a sensação de tranquilidade e relaxamento, procurar-se-á lugares e hotéis de acordo, talvez no campo ou mais isolados da movimentação cotidiana; ao contrário, se desejar alcançar a sensação de euforia, a pesquisa já toma rumos diferentes, lugares e direções. Evidencia-se, por consequência, cada vez mais nítido o que já foi explanado, que os seres humanos só intentem sentir, e sentir coisas boas de preferência, porém, muitas vezes, pela falta de controle e conhecimento das emoções ligadas ao modo de pensar, acarreta-se sentir muitas coisas ruins, por meio da já citada falta de atenção, de passar grande parte do tempo reclamando e automaticamente confirmando a autossabotagem consigo próprio. Reclamar nada mais é do que verbalizar ao mundo o que está a pensar.

Conectar-se com o novo, praticar e comandar o subconsciente, mesmo sem saber como, passa então a ser prioridade nos pensamentos diários, prometer e cumprir, para consigo mesmo, que nas semanas subsequentes não deverá compartilhar, coparticipar e associar-se a nenhum cochicho, intriga, maledicência, diz que diz, que se faz por mero fato de conteúdo a palavrear, por certo será de grande valia também. E indubitavelmente o mais importante: ser grato pelo que se "tem". Desse modo, só não se alcançarão resultados fascinantes caso não se acredite nisso. No momento em que essas tentativas forem praticadas, serão notoriamente armas para usufruir em realidade todo o desejado mental.

"Porque Deus retribui ao homem de acordo com o que este faz, e lhe dá o que sua conduta merece" (Jó, 34:11).

A atuação na façanha do verdadeiro "bem" constantemente é laboriosa, mas o galardão é celeste, angélico, prodigioso e sublime, nem sempre as recompensas provêm apenas de sucesso em bens materiais (dinheiro), pois, ao alvejar esse estágio de consciência, a paz, a alegria, o bem-estar, o equilíbrio e a felicidade já podem estar transfigurando-se como prioridades.

Esse é um pequeno esboço e uma sugestão de como desencadear uma nova jornada, não somente em nível de sucesso material, embora essa se perfaça em realidade, acrescentada de qualquer maneira aos que praticam o bem, mas em descobertas que se sucedem posteriormente a esse início, desencadeando respostas aos mais intrigantes, enigmáticos, curiosos e interessantes conteúdos que se imagina muitas vezes ser de propriedade e inteligência apenas de poucos afortunados.

Aos iniciantes se dará a descoberta de múltiplos assuntos que se julgava de difícil entendimento, entretanto as situações vivenciadas apresentarão todas as claras respostas. O "poder" existe, está ao alcance de todos, no entanto ele necessita de uma chave mestra para desbloqueá-lo, cabendo única e exclusivamente a cada ser humano a graça de reaver essa chave. Fio-me a externar que o alfa é baseado em amor e compaixão ao próximo. Desejo trabalho, maturidade e comprometimento, consigo e com os outros, para alcançar essa dádiva, dado que, ao desejo de resultados divergentes do que já se detém no momento, explorar caminhos diferentes aos já trilhados se faz necessário também, convertendo, desse modo, tudo em sabedoria, esperteza e lucidez ao novo, mesmo este sendo oculto aos olhos humanos.

Esforçar-se ao exercício das repetições diárias, prestar atenção nas situações que envolvem sentimentos predispõe sem dúvidas o subconsciente a diminuir a relação de proximidade com o bombardeio de circunstâncias que causam sentimentos ruins, assimilar quem realmente é o mestre da vida, para, assim, perceber a origem das situações negativas como seu próprio observador e não agregado, assimilar que outras pessoas ainda não desfrutam de tamanha inteligência emocional, respeitá-las por isso, perdoar e não se vangloriar, acima de tudo, é um sublime indício de que se está no caminho certo.

Sentimentos preexistentes e desenvolvidos

Todo ser humano nasce com dois sentimentos, o amor e o chamado medo bom, que não por coincidência, mas sim por graça divina, já nos direciona e nos orienta para seguir o caminho do bem.

Todos os seres vêm ao mundo com o infinito laço de "amor" que une a criança e a sua mãe, desde a geração (independentemente da relação que ambos venham a ter após o nascimento), e todos nascem com o chamado "medo bom", receio esse que tem a finalidade de proteger a própria vida. O desenvolvimento de ambos os sentimentos na criança dar-se-á assim que se inicia a vida na matéria, entretanto o medo é subdividido em medo de cair e o medo do barulho. O medo de cair se desenvolve um pouco mais tarde, ao passar dos primeiros anos de vida, através da percepção e desenvolvimento da consciência, contudo, o receio de qualquer barulho e o amor, estes são percebidos instantaneamente no decorrer de semanas após o nascimento e fazem parte da consciência e subconsciência até o final da vida. Os demais sentimentos existentes, entre positivos ou negativos, como raiva, tristeza, euforia, são desenvolvidos por meio de influências do ambiente, pessoas e experiências vivenciadas durante o florescimento humano. Como exemplo, se pode contextualizar a situação que "todos" os seres humanos são apreensivos quanto a qualquer tipo de estrondo ou barulho alto, no entanto nem todos demonstram sentir raiva, oscilação de humor ou tristeza pela mesma circunstância vivenciada.

Imagina-se então um exemplo para se fazer mais entendível como se desenvolve um sentimento potencializado durante as influências e experiências de vida.

Utilizar-se-á um sentimento encarado como "maléfico" para exemplificar quanto o próprio ser é seu próprio sabotador. Nesse caso, responsável por suas próprias aflições. Aplicar-se-á hipoteticamente a experiência de um ser que ao longo de um período da sua vida desenvolveu e conviveu com o "ódio" do seu cabelo, e, para intensificar seu sentimento de ira, muitos dos indivíduos a sua volta durante sua infância expressaram provocações, dada a percepção do incômodo externado. Nesse contexto, em determinada fase da vida informou-se a si próprio (subconsciente) e a todos a volta que o padrão de cabelo que portara não satisfazia aos padrões do que se acreditava ser o maioral. Talvez por influência externa da mídia qualquer, ou interna de alguém próximo, entretanto, independentemente disso, aceitou-se subconscientemente o fato como veracidade absoluta, que criou desse modo um sentimento intenso de revolta contra si mesmo, ignorando uma das leis mais poderosas da natureza humana, o amor, neste caso próprio. Devido à falta de conhecimento emocional, pelo qual todo sentimento concebido, intenso ou não, se faz refletido na realidade externa, acarretou-se assim viver a curto, médio ou longo prazo de modo altamente prejudicial à vitalidade do ser.

O sentimento transfigurou-se tão verdade dentro do indivíduo, que o subconsciente elabora dessa forma, mesmo sem saber, o melhor sentimento de ódio possível, toda vez que o tópico for abordado ou correlacionado, pois essa é a principal função da mente subconsciente, entregar à realidade física o melhor do solicitado ao seu dono "eu".

Verifica-se dessa maneira, mais uma vez, que o subconsciente não sabe a diferença do que é bom ou ruim em termos de sentimentos, ele apenas atende a vontade do "eu consciente".

Assim, a notícia boa é que se um ser humano é capaz de se odiar e transformar isso em realidade duradoura, isso também pode ser feito ao contrário, se amar e transfazer isso em felicidade perdurável; logo, essa afirmação clarifica a expressão de que a felicidade está dentro de cada ser, e, como já explanado, que a vida é, em sua grande parte, o sentir. Imagina-se quão "rico" expõe-se a ser, ao instruir-se, praticar, descobrir, acreditar e aplicar novas atitudes ao cotidiano.

Controlar e nortear os sentimentos mais apreciados, desprezar os maléficos e se deparar com a veracidade de que o dinheiro é mero coadjuvante no processo, e não um deus, é um desafio admirável, tamanha a influência no cotidiano diário. O dinheiro não pode comprar nenhum sentimento, ele é apenas um mediador e facilitador de prazeres carnais, explanando assim o porquê de tantas pessoas sem dinheiro serem felizes e outras com tanta fortuna tão desgostosas.

"O homem tem duas faces: não pode amar ninguém, se não se amar a si próprio"
(Albert Camus).

Dicas

- Seu subconsciente lhe devolve tudo em realidade experimentada, você só precisa entender esse processo.

- Na verdade, qualquer coisa que você realmente quer na vida, por exemplo, paz, saúde, carro, casa, dinheiro, é nada mais que se sentir tranquilo, forte, sólido e confortável.

- Sentir-se bem é o bem mais precioso "sentido" que existe.

- Os bens mais preciosos que existem são de difícil acesso, mas que recompensam o esforço dos aventureiros e, o melhor de tudo, podem ser adquiridos de graça.

- O dinheiro só tem algum poder para os sentimentos provindos para animar o corpo e o ego, nunca terá valor nenhum aos provindos da mente.

ESTRESSE – A GÊNESE DAS DOENÇAS

O "estresse", palavra famosa no cotidiano mundial, passou a ser comparado com infelicidade em uma falsa tratativa (doença) de normalidade na vida social e profissional da maioria dos seres humanos.

O grande obstáculo que se enfrenta nesse distúrbio se dá quando ele ataca a mente, o estresse mental. Comparado com o estresse muscular, ele é muito mais grave devido a falta de percepção de como deve ser tratado.

Quando qualquer músculo sofre uma carga muito intensa e repetitiva em sua área atingida, a única receita de cura e tratamento para ele é o relaxamento; dessa mesma maneira, a mais favorável receita para o estresse mental é o descanso e relaxamento natural.

Os muitos compromissos, tanto financeiros quanto quaisquer outros, as preocupações e a vida acelerada, de certa forma "impedem" a conscientização e consciência dessa futura consequência. Por esse motivo, a dificuldade em atingir e encontrar o equilíbrio emocional.

A preocupação em alta escala com essa "doença" se faz necessária, pois o estresse mental, que age cruelmente sobre o corpo humano, somente pode ser combatido se houver relaxamento pleno, caso contrário tende a expandir uma alta tensão no sistema nervoso central, que está obviamente interligado com a mente subconsciente. Comprovadamente, em qualquer busca no Google sobre o assunto, inúmeras pesquisas nos mostram que os efeitos cumulativos e contínuos dessa carga geram danos devastadores, enfraquecendo assim, mesmo que não perceptivelmente, o sistema imunológico central, desencadeando a porta de entrada para um propício e mais suscetível desenvolvimento de toda e qualquer doença preexistente, segundo alguns especialistas.

O estresse é um dos sentimentos de agonia mais maléficos que um indivíduo pode carregar dentro de sua mente, todavia, como já explanado anteriormente, sabe-se que é nada mais do que uma das formas negativas de se escolher visualizar toda e qualquer situação.

Todos os dias são apresentadas mais e mais evidências de que o nível contínuo de pensamentos negativos desencadeia uma vida "acelerada", influenciados por uma má administração mental, resultando, por consequência, em uma alimentação inadequada, além de simples e corriqueiros sinais de "menores" proporções, como gripe, dores de cabeça, herpes, gastrite etc., já se fazem presentes com mais regularidade no dia a dia.

Deve-se atinar que o estresse, ocorrendo em um período prolongado e contínuo, afeta não somente a mente como também o cérebro, órgão responsável por todo o sistema nervoso, que contém cerca de 86 bilhões de neurônios e comanda todo o corpo humano, alterando neste uma grande quantidade de funções vitais, interferindo nos níveis acondicionados e aceitáveis de equilíbrio, bem-estar e saúde.

Os transtornos de estresse prolongados podem desenvolver progressões em níveis mais assombrosos, como a aparição da depressão, doença essa com consequência muito perigosa, enigmática e tão grave ao ponto de a falta de tratamento poder levar a fins fatais.

O distúrbio causado pelo estresse afeta a vitalidade, a energia cotidiana e consequentemente deteriora a saúde do indivíduo.

Caso não tratado, a progressividade do transtorno (estresse), além de acarretar sintomas mais simples, já descritos, afetará também, por consequência, o sistema respiratório e cardíaco, já que as pessoas com níveis de estresse diário respiram de uma forma muito mais intensa e rápida, estimulando por decorrência o desencadeamento da ansiedade, problema esse muito comum em pessoas estressadas, que consequentemente pode gerar obesidade, por conseguinte taquicardia, hipertensão, derrames e, em casos mais avançados, até Alzheimer, tanto mais uma série de similaridades já conhecidas pela medicina.

Cabe também relatar que, quando se alerta para a observação, a atenção, a prudência e a vontade em prestar atenção nos pensamentos, não se está com a intenção de somente expor e provar os misteriosos poderes do subconsciente em termos de aquisições de bens materiais, paz e felicidade, mas também exibir que a falta de autoconhecimento e atenção a si próprio permite a prolongação, ainda que em níveis menores, de estresse rotineiro, herdando-se distintos problemas, como o de fígado. Nos casos mais agudos de estresse, evidentemente exigem do órgão a produção de níveis alarmantes de glicose, com o objetivo de gerar mais energia, principal fonte de sobrevivência dos seres, desencadeando, por consequência, até a tão temida diabetes.

Porém, a boa notícia, como já explanado anteriormente, é que a mente, tanto consciente como subconsciente, desempenha um papel fundamental para a recuperação do indivíduo, pois caso haja uma percepção do paciente nesse aspecto, em desenvolver o hábito de prestar atenção em seus sentimentos, notoriamente se perceberá que o padrão mental e a forma de pensar estão desequilibrados, possibilitando redirecionamento a eles.

Não se tem a intenção de afirmar que todas as doenças têm sua origem no estresse, mas, sim, criar uma reflexão, baseando-se no fato de que esse "mal" já foi, ainda é, e porventura continuará a ser a gênese de muitas enfermidades. Como no universo, tudo está de certa forma conectado, se faz percebível que nosso corpo responde da mesma maneira, um pequeno problema não sanado sempre desencadeará outro ainda maior.

Essa reflexão explica por que muito da sabedoria oriental baseada em espiritualidade, ainda que não possa ser provado cientificamente, relata que a maioria das doenças adquiridas no decorrer da vida, sejam elas de pequena ou grande proporção, de alguma forma se iniciam na mente do ser humano, correlacionando mais uma vez com a mensagem que se deseja auferir neste livro, ou seja, o ser humano cria a sua realidade por meio da sua mente, boa ou ruim e, como já mencionado, sabendo ele ou não desse fato.

A pessoa pode não pensar na doença, crendo que desse modo não irá atrai-la, contudo, os maus pensamentos geram ódio, irritação, rancor, arrogância, orgulho, mau humor, que, por seguimento e consequência, desencadeiam o estresse diário, por isso se fará justificável a explanação de como o corpo reagirá dentro dessa progressão.

"As doenças são os resultados não só dos nossos atos, mas também dos nossos pensamentos" (Mahatma Gandhi).

Refletindo de forma consciente e possibilitando credibilidade às teorias orientais, se tem notado a prática da meditação como um dos melhores combatentes do estresse, prática essa milenar do lado oriental do mundo. Enquanto isso, os estudos ainda são relativamente lentos no lado ocidental, porém com um crescimento considerável da prática e aceitação dela.

Nos dias atuais, a maioria das pessoas sabe ou já ouviu sobre esse assunto e, mesmo que não medite, conseguiu-se, de alguma forma, criar um conceito de respeito a essa prática como eficaz, motivo esse que nos leva também a mais parâmetros de reflexão, de que muitos dos mistérios, dos costumes, rotinas e hábitos de povos como chineses, indianos, dentro das crenças budistas, hinduístas, relatos gregos, egípcios e bíblicos, estão dia a dia se mostrando mais eficazes e aceitáveis.

Curiosamente, não muito tempo atrás, a meditação era vista apenas como atividade mística, onde não se imaginava ou não se aceitava a possibilidade de que sentar em uma postura esquisita, fechar os olhos, sentir a respiração e focar toda a atenção para o presente momento ajudaria a diminuir a ansiedade, melhorar a concentração, corrigir a respiração, e, consequentemente, a longo prazo, viver mais e com vitalidade. Conquanto, a meditação, mediante estudos, recebeu o aval da ciência pelo tamanho do impacto que provoca em todo o organismo humano. "Os resultados são impressionantes", afirma Judson A. Brewer, professor de Psiquiatria da Universidade de Yale.

Por essa razão, aproveito este espaço para reproduzir uma reportagem[1] do site Gaúcha ZH, cuja explanação se faz muito bem-feita.

"Não é o trecho de um livro de autoajuda. É a constatação não de um, mas de muitos e diferentes estudos científicos. Foi-se o tempo em que a meditação era considerada apenas uma atividade mística sem embasamento teórico. Iniciada na Índia e difundida em toda a Ásia, a prática começou a se popularizar no ocidente com o guru Maharishi Mahesh Yogi que nos anos de 1960 convenceu os Beatles a atravessar

---

[1] Disponível em: https://gauchazh.clicrbs.com.br/donna/noticia/2014/01/antes-vista-apenas-como-atividade-mistica-meditacao-ganha-o-aval-da-ciencia-cjpl9mmia001mb9cnv0qae3vw.html

A FASCINANTE FORMA DE ENTENDER A COISA TODA

o planeta para aprender a meditar. Até a década passada, não contava com respaldo médico. Nos últimos anos, no entanto, os pesquisadores ocidentais começaram a entender por que, afinal, meditar funciona tão bem e para tantos problemas de saúde diferentes.

Estamos em uma era de gente conectada que recebe estímulos e informações por toda e qualquer via, como o smartphone que bipa a música que toca no fone de ouvido e os outdoors de LED nas ruas. Pesquisadores renomados têm dedicado tempo e investido muito dinheiro para provar que exercícios de relaxamento mental podem ser fundamentais para melhorar a qualidade de vida.

É o caso do neurocientista norte-americano Richard Davidson, da Universidade de Wisconsin-Madison que, após um período de imersão com monges tibetanos, descobriu que a meditação funciona – de fato – como um antidepressivo. Segundo ele, a prática altera as estruturas cerebrais, mudando o padrão de suas ondas e protegendo contra a depressão e os efeitos do estresse.

Mais perto daqui, a bióloga brasileira Elisa Kozasa, do Instituto do Cérebro do Hospital Israelita Albert Einstein, uma das principais pesquisadoras do tema no mundo, afirma: 'Quem medita tem a capacidade de executar as mesmas tarefas que as pessoas não praticantes usando menos neurônios'. Em recente passagem por Porto Alegre para participar do workshop Ciência, Meditação e o Cultivo Emocional, promovido pela ONG gaúcha Mente Viva, Elisa discorreu sobre seu estudo, que avaliou os cérebros de 20 meditadores e 19 não meditadores combinados por idade, sexo e nível de escolaridade. O resultado apontou para a alta capacidade de concentração e atenção dos praticantes de meditação, que 'economizam', por assim dizer, seus cérebros.

Em um terceiro levantamento realizado na Universidade de Brasília pelo psiquiatra Juarez Iório Castellar, foram investigados 80 pacientes com histórico de câncer de mama. Por meio da coleta de amostras de sangue e saliva, antes e depois dos exercícios meditativos, verificou-se que a prática reduziu os efeitos colaterais da quimioterapia, como náuseas, vômitos, insônia e inapetência.

DOUGLAS FAORO

Sendo assim, é fácil perceber que ficou para trás dos anos 2000 a visão de que para meditar era necessário ser budista, usar bata longa e terceiro olho. Quem pratica, garante: não tem hora, lugar, profissão ou religião. É universal.

Oprah Winfrey, que chegou a ser a personalidade mais bem paga da televisão internacional, declarou que o tempo despendido com a meditação foi fundamental para o sucesso de sua carreira. Gisele Bündchen revelou em entrevista recente que, mesmo que o despertador toque às 5h30min para uma sessão fotográfica, não abre mão dos seus 15 ou 20 minutos de momento meditativo para manter o equilíbrio.

Steve Jobs, o fundador da Apple, consagrou a prática budista no meio empresarial e ganhou adeptos mundo afora. Seu argumento para defendê-la era justamente o foco nos negócios. Graças a ela, conseguia afastar de sua cabeça tudo que considerava distração. Personalidades internacionais, como, o ex-vice-presidente americano Al Gore, o cineasta David Lynch, o músico Adam Levine, o ator Robert Downey Jr., a atriz Demi Moore; e também e personalidades nacionais, como, a atriz Claudia Ohana, a cantora Luiza Possi e a top Alessandra Ambrósio, engordam a lista de pessoas bem-sucedidas que incentivam a atividade e acreditam que, em uma data nem tão distante, a prática da meditação será reconhecida como questão de saúde pública e terá sua importância igualada ao exercício físico na atualidade.

Mariela Silveira reflete a quebra dos tabus que cercam a meditação. Filha de pai católico e mãe espírita, não quis seguir religião alguma e prometeu ser fiel à Ciência quando se formou em Medicina pela Ulbra.

Entre os objetivos, um prioritário: trabalhar com o que proporcionasse bem-estar às pessoas. Escolha um tanto previsível, já que Mariela engatinhou ainda de fraldas pelos corredores do Kurotel Centro de Longevidade e SPA (que ajuda a dirigir atualmente), fundado pelos seus pais, Luís Carlos e Neusa Silveira, em 1982, na Serra. E cresceu uma criança diferente, que enxergava uma peraltice o ato de deixar envelopes com sementes de plantas embaixo das portas dos vizinhos em Gramado.

Foi em 2003, ao longo de uma viagem à Índia, que a gaúcha percebeu nos exercícios mentais de relaxamento uma alternativa para

A FASCINANTE FORMA DE ENTENDER A COISA TODA

promover a paz. 'Vi que não era a miséria que provocava a violência em um país. Era possível observar que, por mais pobres que aquelas pessoas fossem, elas viviam em harmonia e incitavam o bem. Foi aí que a meditação entrou na minha vida', lembra.

Para exterminar o preconceito, o dela mesmo, inclusive, muniu-se de livros, pesquisas e estudos sobre o tema para buscar respaldo científico e poder investir na prática sem receio. Verificou dados concretos de melhora na frequência cardíaca, pressão arterial, imunidade e até no comportamento quando comparava meditadores e não-meditadores. 'Eu achava que poderia ser mal vista pelas pessoas como praticante de uma atividade sem comprovação. Mas percebi que tinha fundamento e parei de me sentir a 'Mariela bicho-grilo' (risos). Além disso, me dei conta de que era um instrumento maravilhoso, comum entre as pessoas, independentemente de crença, de onde ela nasceu, de qual a cultura', reforça.

E assim, a médica de 34 anos que preferia intitular a atividade como 'exercício de relaxamento ou dirigido' para formalizar o termo, deixou o constrangimento no passado e passou a prescrever a meditação em receitas, além de se tornar uma das principais incentivadoras da atividade no Estado, através da fundação da ONG Mente Viva, em 2007, ao lado da sócia Anmol Arora. Trata-se de um projeto que leva a prática para escolas públicas e privadas de Gramado, Porto Alegre, Eldorado, Gravataí, Tapes e Pelotas, com um trabalho pré-aula, de cinco a dez minutos com as crianças e que estimula a concentração, a afetividade e o desempenho escolar, com resultados positivos já comprovados em pesquisa.

A técnica utilizada é a 'mindfulness', ou atenção plena, que visa trazer o foco para o presente e 'desligar' o cérebro, mentalizando pensamentos positivos. É claro que essa não é a única solução para terminar a violência, que é algo muito mais complexo. Mas de um modo geral, a medicina foca emergencialmente no tratamento, sendo que a prevenção demanda investimentos que às vezes estão fora de alcance. Com a violência ocorre da mesma forma. Tudo bem falar sobre reabilitação, mas existe também aquele indivíduo que tem todos os fatores de risco, mas ainda não cometeu um crime e que pode ser observado mais de perto. E a prevenção primária mesmo, aquela desde criança?, analisa. Mariela garante: 'A meditação é simples, gratuita e, no bom sentido, vicia, a ponto de torcer para que uma viagem de ônibus dure mais do que o tempo previsto para poder praticar, ou de ficar entristecida quando o despertador não toca no horário correto e a impede de meditar nos minutos iniciais do dia'. E, assim como em qualquer outra atividade, requer paciência e prática para pegar o jeito. Na sua opinião, a meditação trabalha com uma das grandes questões da humanidade: a de como aumentar o espaço interno de conforto para viver com mais qualidade. Os indianos costumam falar que a mente é como se fosse um macaco com o rabo pegando fogo, mordido por mil escorpiões, pulando de galho em galho. Está sempre no passado e no futuro, nunca conosco. Em resumo: 'a meditação ajuda a pessoa a trazer a consciência para o presente', analisa.

Atualmente, o mundo convida à vigilância, à pouca tenacidade, à falta de atenção. Então, precisamos aprender que temos limites para ficarmos internamente bem. Não é exercício de estímulo, é de relaxamento mesmo. A mente é um produto do cérebro, que não está em nenhum lugar do nosso corpo. A meditação faz os dois se encontrarem e ajuda a buscar recursos internos para enfrentar as dificuldades do dia-a-dia.

A recomendação da especialista é reservar de 10 a 20 minutos por dia, cinco vezes por semana, para o exercício. Sentar, fechar os olhos, respirar e esvaziar a mente.

Para quem se blinda com o argumento de que a rotina é muito corrida para isso, ela repete um mantra de sua coach Dulce Magalhães: "Medite 20 minutos por dia. Se você acha que está sem tempo, então medite por uma hora".

As práticas meditativas fazem sucesso entre as modelos, Alessandra Ambrósio medita todos os dias.

O ator Robert Downey Jr. não dispensa a prática da yoga para sentir-se relaxado e em paz.

A apresentadora Oprah Winfrey já declarou que a meditação interferiu positivamente em sua carreira.

No auge do sucesso, em 1967, os Beatles mergulharam na meditação transcendental praticada pelo guru Maharishi Mahesh Yogi. Dessa experiência surgiram muitos sucessos do quarteto.

Gisele Bündchen também publica, com frequência, fotos suas meditando nas redes sociais".

"Finalmente, irmãos, tudo o que for verdadeiro, tudo o que for nobre, tudo o que for correto, tudo o que for puro, tudo o que for amável, tudo o que for de boa fama, se houver algo de excelente ou digno de louvor, pensem nessas coisas" (Filipenses, 4:8).

VISUALIZAÇÃO

Uma das armas mais poderosas quando se trata de moldar o subconsciente é a visualização, seja para criar novos desejos ou para modificar velhos hábitos.

Visualização é nada mais que uma forma contínua de, no mínimo duas a três vezes ao dia, imaginar e criar pequenos roteiros de objetivos que você queira atingir ou conquistar, quase que um minifilme em sua cabeça, algo que poderíamos descrever como a lembrança de um sonho. Você, dessa maneira, cria em sua cabeça uma pequena história, onde visualiza tudo a sua volta, podendo conter, além das imagens, inclusive os sons. Digamos que você queira muito passar em uma entrevista de emprego, por exemplo, inicialmente poderá criar a sala onde será a entrevista, poderá se imaginar nesse espaço, sua chegada confiante e de aparência tranquila, se sentindo bem preparado, imaginará o entrevistador impressionado com a qualidade com que responde todas as perguntas e tudo mais que desejar que aconteça nesta entrevista. A representação se baseia em criar esse minifilme desde o ponto inicial até a concretização desse objetivo, contudo, isso deve ser envolvido em sentimentos reais de desejo, vibração, ou qualquer que seja com finalidade positiva, empregados sempre junto a esse pequeno roteiro mental. Essa atitude certamente influenciará para que seu subconsciente aceite essa postura de satisfação, movendo desse modo o que for preciso para lhe dar o desejado.

Arnold Schwarzenegger, conhecido pelo sucesso internacional como ator e fisiculturista, é um dos exemplos de como a visualização aplicada de forma contínua, e também combinada a algum tipo de sentimento, gera de alguma forma uma conexão com a mente subconsciente, possibilitando assim criar oportunidades para que a realidade do sentimento visualizado e sentido torne-se real o mais breve possível. Uma de suas respostas frequentes para a pergunta "O que distingue os vencedores dos perdedores?" é:

"Tudo está na mente" (Arnold Schwarzenegger).

Arnold, sempre que perguntado sobre esse assunto, costuma lembrar que quando jovem, habitualmente, criava a todo tempo imagens e pequenos filmes em sua cabeça de como seria e o que sentiria quando ganhasse o título de Mister Universo, campeonato que sempre sonhara disputar e ganhar. *"Mentalmente eu nunca duvidei que seria um campeão".* Quando ganhou o primeiro dos seus cinco títulos mundiais, não teve dúvida nenhuma de que aquilo tudo era real, pois ele mesmo confirma que em sua mente já havia visualizado, sentido e recebido aquele prêmio muitas e muitas vezes. Arnold costuma também comentar que sempre visualiza em sua mente o gosto e a sensação do sucesso. Dessa mesma maneira, optou por iniciar sua carreira como ator, já sabendo aonde chegaria, pois tudo sempre esteve previamente formado em sua cabeça, antes mesmo de atuar em sua primeira cena.

"Quando eu era muito jovem, eu me visualizava sendo e tendo o que eu queria. Mentalmente nunca tive dúvidas sobre isso" (Arnold Schwarzenegger).

Mais um exemplo conhecido no mundo artístico é Lindsey Caroline Vonn, americana campeã do mundo do time de esqui dos Estados Unidos. Ela ganhou quatro campeonatos gerais da Copa do Mundo, e usou da seguinte frase para descrever muitos dos seus feitos.

"Eu sempre visualizo em minha mente antes de competir. Quando chego à linha da largada, já corri essa corrida 100 vezes na minha cabeça, imaginando como eu vou fazer todas as voltas" (Lindsey Caroline Vonn).

Essa técnica poderá ser aplicada de forma muito efetiva caso se crie um minifilme do que se almeja atingir, repita então esse filme da mesma forma (roteiro) sempre que possível, em qualquer lugar, porém deve-se estar atento e conectado ao sentimento (desejo) de sucesso ou euforia que se deseja auferir quando isso se tornar realidade, de alguma forma o subconsciente só entende o resultado como verdadeiro quando existem sentimentos incrementados à imaginação. A outra opção seria apenas lembrar-se do seu desejo (objetivo) algumas vezes durante o dia, isso faz com que sua mente não se esqueça do que e para que está trabalhando. Os dois combinados se fazem ainda mais efetivos, contudo, vale reforçar a importância da prática de qualquer que seja, todos os dias. Atenção em si próprio será o segredo do sucesso e não espere que por algumas poucas tentativas tudo estará resolvido, a transformação em sua vida se dará se o seu subconsciente acreditar em você, isso deve realmente fazer parte da sua rotina, seja o tempo que levar, meses ou anos, quando sua mente realmente entender que você nunca abrirá mão deste objetivo, ela moverá o que for necessário para que se torne real. Outra dica importante que vale ser mencionada é que as melhores horas para a prática da visualização são sempre nos minutos antes de adormecer e nos primeiros minutos ao acordar, essas curtas zonas de tempo são os dois momentos nos quais a sua mente consciente fica mais próxima da mente subconsciente, seria essa a "possibilidade" de acesso, já que por alguns instantes as duas podem se encontrar com o indivíduo ainda consciente do que está acontecendo. Preste atenção nesses períodos, se faz possível assimilar "coisas" incríveis acontecendo, as primeiras tentativas serão difíceis mesmo, mas a repetição irá lhe proporcionar experiências inimagináveis.

SONHOS, CONSCIÊNCIA E ESPIRITUALIDADE

Infelizmente e sem muitas explicações plausíveis, historicamente, por nós, os ocidentais, nunca foi dada a devida importância aos sonhos. Existe um documentário muito interessante dirigido por Mel Stuart, disponível no Netflix Europa, chamado *The Mistery of Sleep*, no qual cientistas e especialistas exploram como a descoberta da fase REM (*Rapid Eye Movement*) abriu um campo novo e fascinante de pesquisas sobre o sono, sonhos e muito mais.

REM, cuja tradução em português é movimento rápido dos olhos, é um processo fascinante, que acontece durante o sono, pois é um período de intensa, e ainda inexplicável, atividade cerebral.

O REM acontece durante o sono, mais precisamente num estágio que ocorre, com sua maior "veemência", nas últimas horas de repouso, período em que se faz possível verificar intensa atividade cerebral.

Ainda não se sabe cientificamente o porquê de o REM acontecer, contudo, pesquisas comprovam que esse período estimula o aprendizado e revigora todo o órgão cerebral. Todos os testes em laboratório, utilizando-se de ratos como cobaias, demonstraram que os seres impossibilitados de se utilizar do REM tiveram suas vidas, em média, reduzidas de 150 para 21 dias. Acredita-se que o movimento rápido dos olhos esteja ligado às imagens dos sonhos, essas produzidas pelo nosso subconsciente, quando ele assume total controle do ser humano, mais precisamente durante o período em que a mente consciente encontra-se inconsciente. O cérebro humano, com a mente, detém a incrível possibilidade de criar "realidade" por meio dos sonhos.

Recentes estudos mais avançados afirmam que o cérebro poderia ser comparado a um computador, o mais poderoso, mais rápido e mais surpreendente que todas as máquinas já inventadas. Desse modo, muitos cientistas já estão aceitando que não existe nenhum computador que produza seu próprio programa, dada a similaridade da mente, com processamentos em termos de arquivos, retenções, pastas, imagens, cores e tudo mais, começa-se uma nova era científica que suporta dessa maneira a ponderar que, sim, existe um programador para ambos. DEUS?

Já dizia Machado de Assis: *"A mente se debruça sobre o trapézio do cérebro"*. Em outros termos, a mente é instalada no cérebro humano.

Essa breve explanação científica tem a mera intenção de curiosidade sobre como os mistérios da vida ainda são imensos diante da pequeneza do conhecimento humano em relação às maravilhas da natureza, do universo e do poder "oculto" que ainda nos permite apenas o sentimento, e não o seu entendimento nem sua visualização.

É notório que em algum período da história, principalmente no lado ocidental, deixou-se de tratar com seriedade assuntos muito importantes e misteriosos, devido ao fato de que nos dias atuais, mesmo com vasta tecnologia, acesso e conhecimento, ainda não se pode, por exemplo, explanar o porquê da existência do REM, ou qual a razão de se sonhar na média sete diferentes sonhos todas as noites. Não se sabe também cientificamente por que dormir por horas consecutivas é necessário, sendo que nem o cérebro, nem a mente, nem o corpo e nenhum dos órgãos interrompem seus funcionamentos. É explícito, provado e tão misterioso que muitas vezes se detecta um aumento tão grande de intensidade de funcionamento cerebral e órgãos durante o sono, comparável a uma pessoa desperta, que durante esse ciclo se dará a incógnita de como e por que sem alimentação (dada essa ser a principal fonte de energia do ser humano) necessita-se dormir e por que se faz obrigatório sonhar.

Milhares de pessoas relatam também que atingem consciência em outro lugar, plano ou dimensão quando estão dormindo. Não existe uma resposta científica para essas perguntas até os dias atuais, mas a população ocidental, de forma geral, não demonstra curiosidade por essas questões, conquanto, ao analisarmos o lado oriental, os livros de sabedoria, as crenças budistas, e até mesmo a Bíblia, essas respostas se fazem muito mais claras, possibilitando então a reflexão de que todas as maravilhas que acontecem dentro da mente devam ser respeitadas, apreciadas e investigadas, pois se deve relembrar que a sabedoria existe, tanto no Oriente quanto no Ocidente ainda se usa a palavra "sonho" como uma dualidade. Em um estágio de sono, podemos "sonhar", entretanto para expressar os desejos e o sucesso de todos os seres vivos também podemos sonhar.

"Se você pode sonhar, você pode fazer" (Walt Disney).

Dessa maneira, é cabível a explanação de que sonhos são mais importantes do que se possa imaginar, pois os antigos egípcios, tribos indígenas, gregos antigos, bem como orientais de um modo geral, por exemplo, chineses, indianos, tibetanos e outros, tratam os sonhos de uma forma extremamente valorosa, elogiável, delicada e importante, assegurando-se de que como o programa foi implantado no corpo (cérebro) esse mesmo possa se desconectar dele durante alguns períodos, da mesma forma que um programa de computador permanece "off" para atualização, ou seja, é possível ausentar-se do corpo físico e viajar em outra "realidade" por meio da mente. Na atualidade, muitos nomes diferentes foram designados a esses acontecimentos, como projeção astral, projeção da consciência, experiência fora do corpo e desdobramento espiritual. Para entender e principalmente "acreditar" que é possível existirem outras realidades e que a mente humana é "algo" à parte do corpo físico, primeiramente se deve entender que esse é um processo espiritual e não material, dado que a matéria se faz usualmente "acreditada", pois se pode vê-la e tocá-la. Entretanto, o curioso é que há um estudo mais profundo sobre a matéria, no qual se encontram os indícios da existência da espiritualidade, ou seja, o estudo de algo visível, tocável e "real", gerando provas da existência do não visível. Não se necessita provar que o mundo espiritual existe, pois como tudo é um todo, a sua veracidade pode ser encontrada no lugar menos provável, em qualquer objeto de massa, por exemplo.

Acredita-se que a Ciência é materialista, contudo, esse fato não se faz autêntico nem concreto. O respeitadíssimo neurocientista Dr. Sérgio Felipe de Oliveira, em suas vastas pesquisas e palestras pelo mundo, retrata muito bem o que será descrito aqui, baseado em seu conhecimento.

Segundo o próprio Dr. Sérgio Felipe de Oliveira, se faz altamente possível que o materialismo nunca consiga ser provado cientificamente, pois até o momento não existe nenhum estudo ou trabalho em nenhuma universidade, laboratório, espaço, sítio ou parte do mundo que prova o materialismo de uma forma documentada. À primeira vista, parece enigmático de se imaginar como não, dado que podemos ver e tocar uma simples cadeira, conquanto isso se deve a desconhecidos fatos da maioria dos seres humanos sobre a Física. Quando se observa uma cadeira, ou qualquer objeto, na verdade não se está vendo o próprio objeto, o que se observa na realidade é a luz refletida na cadeira (matéria), pois toda e qualquer massa é simplesmente invisível na falta de luz. Enigmático, conquanto, em nível documental, seja impossível provar que um objeto de massa existe caso não haja luz.

Quanto ao toque, todos sabemos que toda e qualquer matéria, inclusive o corpo humano, é constituída meramente de átomos, ou seja, uma cadeira também é nada mais que bilhões de átomos, juntos e aglomerados. Na superfície de cada átomo existem os elétrons, os quais, toda vez que são aproximados uns dos outros, se repelem, devido a sua idêntica carga negativa. Dada essa explanação, quando qualquer ser humano toca alguma coisa, o que sente como impressão tátil não é a matéria em si, e sim a força de repulsão eletrostática entre os elétrons de mesma carga negativa da mão do ser humano e dos elétrons da matéria tocada.

Quando caminhamos sobre o chão, na verdade este contém uma gigantesca camada de elétrons de mesma carga que o corpo do ser humano (os pés) e o que transcorre e se sucede de fato é uma "flutuação", e um repulso de algo cientificamente provado pela Física. Se o ser humano de fato pudesse tocar a matéria, haveria uma fusão atômica, se as cargas fossem diferentes das que o são, como, por exemplo, os elétrons do corpo humano (positivos) e os elétrons da massa-matéria (negativos). Com um simples toque nessa mesma cadeira, verificar-se-ia uma explosão e não um toque (repulsão). Dessa maneira e desse ponto de vista, podemos afirmar que se necessita tanta fé para ser materialista quanto para ser espiritual, pois acreditamos fielmente na matéria, ou seja, em "algo" que não podemos na verdade ver sem luz, nem consequentemente de fato tocar, já que a sensação de toque é nada mais que repulsão de elétrons.

Imagem 3

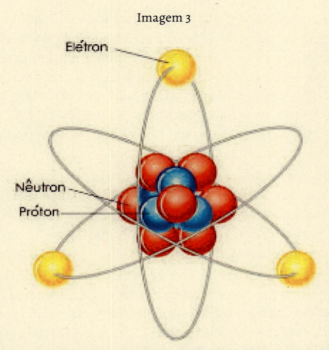

Fonte: https://mundoeducacao.uol.com.br/quimica/estrutura-atomo.htm

    Ainda sobre a consciência fora do corpo, temos mais relatos do Dr. Sergio Felipe de Oliveira, onde ele conta o caso do professor Miguel Reale, ex-reitor da Universidade de São Paulo (USP), que, quando operado no Instituto do Coração, passou por uma circulação extracorpórea, onde uma máquina fez o papel do coração durante esse procedimento cirúrgico e seu cérebro foi resfriado a 4 graus centígrados para que não sofresse nenhum dano. O paciente relata que inexplicavelmente sabia o que estava ocorrendo e assistiu a tudo que foi falado e feito durante a sua operação, e que foi confirmado por todos os médicos e atendentes. Reale redigiu um artigo para o jornal *O Estado de São Paulo* com a seguinte nota: "Portanto, incito os cientistas da universidade da qual fui reitor a pensar na possibilidade de a consciência estar fora do corpo".

    São comuns inúmeros relatos de pessoas que foram detectadas teoricamente "mortas", por um determinado tempo, em alguns casos por até mais de dez minutos, onde não se encontrava mais nenhum sinal vital no corpo, ou no cérebro. Existe um relato interessante encontrado na série do canal Netflix *Story of God*, com o famoso ator americano Morgan Freeman, onde a equipe médica atestou o óbito e a paciente descreve: "Tinha ciência que estava naquele momento morta, pois já me via fora do corpo". Consequentemente presenciou tudo que aconteceu durante sua cirurgia, segunda sua narrativa, e ela foi levada a outra dimensão, inexplicavelmente voltou, com consciência e lucidez de tudo que tinha acontecido, relata, narrando assim maravilhas "sentimentais" sobre o suposto mundo "espiritual" que presenciou.

O mundo oriental é repleto de segredos e teorias do quanto o lado espiritual, a mente humana e os sonhos são mais valorizados, admirados e respeitados ao serem comparados com o lado material ocidental, derivado na sua maioria em objetos e prazeres carnais.

As civilizações egípcias e gregas em suas demonstrações de autoconhecimento, poder, humanidade, com as "histórias" de Hórus, Isis e Osíris, tanto quanto Hermes Trismegisto, Platão, Pitágoras etc., afirmam que possivelmente existe mais de um plano de vida, e não somente essa realidade da matéria que conhecemos. Pois, como acabamos de ver, a matéria é algo bem diferente do que se acredita ser.

A religião espírita no *Livro dos espíritos*, de Alan Kardec, fala de até sete diferentes planos e dimensões existentes, além do plano material, no qual supostamente vivemos. No Alcorão, livro sagrado islâmico, o mesmo assunto também é citado descrevendo sete possíveis diferentes planos de existência. Os budistas, hinduístas, indígenas, antigos maias, egípcios e muitos outros povos partilham de similaridades desse assunto.

A Bíblia usa a palavra "céu" para falar de três lugares diferentes: a atmosfera, o espaço e o céu espiritual. O terceiro céu aparece dessa maneira:

"Conheço um homem que há catorze anos foi arrebatado ao terceiro céu. Se foi no corpo ou fora do corpo, não sei; Deus o sabe" (2 Coríntios 7:12).

Essa passagem bíblica abre uma lacuna gigante de mistérios, principalmente na parte "foi no corpo ou fora do corpo", que representa evidentemente a mente, como projeção da consciência para fora. Os egípcios já acreditavam que o homem pode deixar seu corpo material e se transportar consciente para outros lugares.

A FASCINANTE FORMA DE ENTENDER A COISA TODA

Platão, filósofo grego que viveu de 428 a.C. a 347 a.C., era tão conhecido e respeitado, que suas obras ainda são estudadas na maioria dos países, inclusive no Brasil. Era um homem que procurava transmitir uma profunda fé na razão e na verdade, e que acreditava que também existem outros planos. Uma de suas mais famosas teorias é a "teoria das ideias", que relata a existência de outra dimensão, onde a realidade é diferente da matéria, onde a mente tem sua origem, pois como vemos ao nosso redor, desde uma simples cadeira, tudo primeiro é formado, concebido e criado pela mente humana, depois então que se torna realidade física. Nada então pode ser construído sem primeiro ser pensado, sem ser mentalizado, sem ser projetado, ou seja, a forma, a origem, a realidade de fato, não seria essa, essa seria apenas a materialização do original, assim como o corpo humano é a materialização do espírito e que a real forma de tudo habita em outro lugar.

Os egípcios antigos, da era dourada, os reais construtores das misteriosas pirâmides, tinham total convicção da existência de muitos outros planos existenciais, dado que ainda é inexplicável tudo que foi construído por eles, que, de alguma forma, sempre simboliza o universo, as estrelas, o sol, a consciência do homem, outras dimensões, plano e a vida. Vida essa que não acaba, e sim continua, tanto que não existiu a palavra "morte" para esse povo, o nome dado era algo como "oeste" em português, conforme a representação da forma que o sol nasce no leste e se põe ao oeste, simbolizando, dessa maneira, apenas uma passagem para um novo renascimento. Ainda a critério dos egípcios, usualmente se fala apenas das misteriosas construções desse povo, contudo, pouco se estudam as suas reais crenças e o porquê dessas edificações, que se baseavam totalmente em torno de uma crença espiritual e de consciência após morte.

O que mais chama atenção e que novamente iremos enfatizar se dará em não provar o mundo espiritual, mas, sim, outra vez demonstrar que a própria matéria evidencia o espírito; em outras palavras, é que, se o que ainda nos dias atuais em termos de edificações (material) não pode ser explicado pela tecnologia, pela física e muito menos pela engenharia atual, mas de fato existe, e é real, e se pode ver. Então qual o motivo de suas crenças espirituais não serem também verdadeiras e reais? Para alguns pesquisadores, as construções das pirâmides egípcias podem datar mais de 10 mil anos. Para se ter uma ideia mais profunda de por que o Egito fascina tanto, citaremos, com base nas palavras do canal *poderdoeusuperior*, que pode ser facilmente acessado com o título *"O segredo das Pirâmides/A conexão com o poder cósmico"*, algumas das coisas ainda inexplicáveis construídas por esse povo:

- Foi constatado que o topo da pirâmide de Gizé é mil anos mais velho que o resto de sua construção, o que seria impossível de ser aceito na atualidade, pois a engenharia atual não detém nenhuma forma e possibilidade de construir tamanho monumento sem iniciar por sua base.

- A grande pirâmide está localizada exatamente nas linhas de longitude e latitude que contêm o centro geográfico da Terra, exatamente o ponto do meio de nosso planeta, da mesma maneira o maior meridiano da Terra, que divide os continentes e os oceanos em duas metades exatamente iguais, estendendo-se pela Ásia, África, Europa e Antárctica, também atravessa as pirâmides, credenciando que as chances de elas terem sido construídas neste local por acaso são de 1 para 3 bilhões.

- Todas as medidas de longitude que se utilizam nos dias atuais foram desenvolvidas para geógrafos e cartógrafos no século 18.

- As pedras da superfície externa estão cortadas dentro de um ângulo de 0,26 milímetros e praticamente perfeito em todos os seis lados. Estas pedras estão colocadas umas ao lado das outras, com um encaixe de diferença de apenas 0,51 milímetros, e a atual tecnologia não é capaz de colocar pedras de 20 toneladas lado a lado com essa precisão. Em outras palavras, na atualidade é impossível de reproduzir a construção das pirâmides, mesmo que Estados Unidos, Rússia, China e Japão, por exemplo, desejassem fazê-lo juntos.

Imagem 4

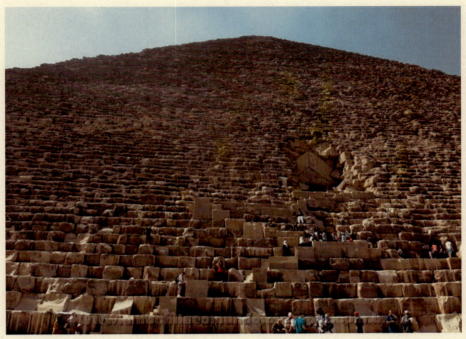

Fonte: https://www.amochilaeomundo.com/2016/09/egito-egypt-esfinge-e-as-piramides-de-gize.html

- A altura e a circunferência da grande pirâmide são iguais ao valor de Pi 3,14 (obs.: Pitágoras descobriu essa fórmula certamente alguns mil anos depois da construção das pirâmides.
- Em uma escala maior, a pirâmide contém o diâmetro tanto da Terra como da Lua;
- A base da grande pirâmide encontra-se na escala de 43.200, que é uma representação matemática do hemisfério Norte.
- A altura da grande pirâmide, quando multiplicada por 43.200, apresenta o circuito polar da Terra.
- Quando medida a circunferência da grande pirâmide e multiplicada por 43.200, ela apresenta o circuito equatorial do planeta.

- O número 43.200 não é um número aleatório, ele está relacionado com o fenômeno astronômico chamado precessão ou deslocamento dos equinócios do sistema solar ao redor do sol.

- As três pirâmides juntas estão perfeitamente alinhadas em um sublime alinhamento com as três estrelas no Centurião de Orion, as mais conhecidas Três Marias.

Portanto, notoriamente esses fatos demonstram uma inteligência e tecnologia de conhecimento muito superiores às atuais, guardadas as devidas proporções do tempo, obviamente. Confirmando, dessa maneira, que suas crenças em consciência e evolução do ser humano merecem no mínimo mais atenção.

Sabe-se também que muitos dos principais homens do mundo tiveram suas histórias ligadas com o Egito antigo.

Em Romanos, 9:17, encontra-se outro fato muito relevante sobre o poder dos egípcios em sua época, dado que eles, ainda nos dias atuais, nos demonstraram com suas construções visíveis, cálculos, precisões e inexplicáveis respostas de quão poderosos realmente se fizeram.

"Assim fala Deus na sagrada escritura ao rei do Egito: Eu é que te fiz rei para mostrar em ti o meu poder e para me dar a conhecer em toda a terra"
(Romanos, 9:17).

Em um estudo mais aprofundado do Egito, é possível se certificar que esse povo realmente acreditava em um Deus único, na trindade, na evolução, no poder contido nos sonhos, na mente consciente e subconsciente, na vida que continua após a morte, e na projeção da consciência (mente) para fora do corpo, sendo possível desse modo acessar outros planos e dimensões ainda em vida.

Outros homens importantes têm suas histórias, todas relacionadas com o Egito, como o Profeta Moisés da Bíblia; Pitágoras, o maior matemático da história; Platão, o maior filósofo; Tales de Mileto; Homero, e nada menos que o próprio Jesus, que, ao cuidado na interpretação, se percebe ele possivelmente estudou e passou sua infância no Egito.

"E, tendo eles se retirado, eis que o anjo do Senhor apareceu a José em sonhos, dizendo: Levanta-te, e toma o menino e sua mãe, e foge para o Egito, demora-te lá até que eu te diga" (Mateus, 2:13).

Toda a explanação mais aprofundada deste capítulo tem a intenção de refletir, por meio das visíveis e inexplicáveis maravilhas construídas por esse povo, o crédito também ao que eles acreditavam como religião, espiritualidade, possibilidade de a mente deixar o corpo durante o sono e que os sonhos, com a sua devida interpretação, têm como base o fundamento em revelar o futuro.

Curiosidade - Teoria das ideias de Platão

A TEORIA DAS IDEIAS

A teoria das ideias é a trave mestra da filosofia de Platão. Trata da unicidade de Deus, da imortalidade da alma e da vida futura. Diz-nos que a alma, antes de reencarnar, pertence ao mundo das essências e a ele voltará, após a morte do corpo físico. As almas impuras poderão transmigrar para um novo corpo, enquanto as puras permanecem nas essências.

A premissa básica da filosofia de Platão é a distinção entre a realidade e a ilusão. Essa tese foi lançada em virtude de ele ter sido discípulo indireto de Heráclito, que afirmara que todas as coisas fluem e que, por isso, não é possível entrarmos duas vezes no mesmo rio, porque tanto nós quanto o rio se modificaram. Para resolver essa questão, queria achar um ponto fixo, uma forma perfeita e imutável. A "Teoria das Formas" seria esse mundo imutável, o mundo real. Em contrapartida, o mundo sensível seria o ilusório. É uma verdadeira inversão do senso comum, que tem por real o que é sensível.

MUNDO SENSÍVEL E MUNDO INTELIGÍVEL

Platão distingue dois mundos: o *mundo sensível*, no qual nós, seres humanos, sentimos e adquirimos um conhecimento particular das coisas e também experimentamos que elas são mutáveis; e o *mundo das ideias*, um mundo separado, transcendente, uma vez que as ideias (em grego, *eidos*) são de natureza totalmente diferente da dos objetos sensíveis ou materializados.

MITO DA CAVERNA

Para Platão, a tarefa do filósofo é posta em forma de metáforas, extraídas do *Mito da Caverna*. A caverna escura é o nosso mundo, onde todos vivemos, o planeta Terra, os escravos acorrentados são os homens, a população em geral, as correntes são as paixões e a ignorância, ou seja, a falta do conhecimento do novo nos satisfaz a viver da forma que vivemos; as imagens ao fundo da caverna são as percepções sensoriais, ou seja, todo o prazer que recebemos da mídia e da atual tecnologia; os responsáveis pelas imagens são os governos e o dinheiro, que controlam a forma de vida que vivemos, o mundo fora da caverna corresponde ao mundo das ideias, o único, verdadeiramente, o mundo espiritual; o Sol que ilumina o mundo verdadeiro é a ideia do Bem, que conduz ao conhecimento; a aventura do escravo fora da caverna é a experiência filosófica; a pureza do ser humano, que consegue não se enganar pelas paixões e prazeres carnais, tendo assim a possibilidade de levar sua mente e suas experiências para o novo; o regresso do escravo é o dever do filósofo de envolver a sociedade na experiência da verdade; a incapacidade do escravo em readaptar-se à vida na caverna é a inadequação dos filósofos; o escárnio do escravo é o destino reservado ao escravo; a morte final do escravo-filósofo é a morte de Sócrates (Fonte: http://www.sergiobiagigregorio.com.br/filosofia/platao.htm).

Imagem 5

Fonte: https://nova-acropole.org.br/blog/podcast-o-mito-da-caverna-de-platao-e--sua-relacao-com-o-mundo-atual/

Estudo da Filosofia Hermética do Antigo Egito e da Grécia

"Os lábios da sabedoria estão fechados, exceto aos ouvidos do entendimento" (O Caibalion).

Nos primeiros tempos, existiu uma compilação de certas doutrinas básicas do Hermetismo, transmitida de mestre a discípulo, a qual era conhecida sob o nome de "Caibalion". A palavra "Caibalion", na linguagem secreta, significa tradição ou preceito manifestado por um ente de cima.

Essa palavra tem a mesma raiz que a palavra "cabala", vida ou ente manifestado, com o acréscimo do "íon" ou "eon" dos gnósticos. Esse ensinamento é, contudo, conhecido por vários homens a quem foi transmitido dos lábios aos ouvidos, desde muitos séculos.

Esses preceitos nunca foram escritos ou impressos até chegarem ao nosso conhecimento, sendo uma coleção de máximas, preceitos e axiomas, não inteligíveis aos profanos, mas que eram prontamente entendidos pelos estudantes do hermetismo.

Do velho Egito saíram muitos dos preceitos fundamentais esotéricos e ocultos que têm influenciado fortemente as filosofias de todas as raças, nações e povos, por milhares de anos. O Egito, a terra das Pirâmides e da Esfinge, se acredita ter sido a Pátria da Sabedoria secreta e dos ensinamentos místicos. Muitas das nações e religiões atuais, de alguma forma, receberam do Egito antigo ramificações de doutrinas, crenças, imagens e afins utilizados até os dias atuais.

No antigo Egito viveram os grandes adeptos e mestres que não foram mais superados, e raras vezes foram igualados, nos séculos que se passaram desde o tempo do grande Hermes, que, entre os grandes mestres do antigo Egito, era conhecido como o mestre dos mestres, que foi o pai da Ciência Oculta, o fundador da Astrologia e o descobridor da Alquimia.

Supõe-se que Hermes viveu pelo ano 2.700 a.C., quando o Egito já estava sob o domínio dos Reis Pastores. Em todos os países antigos, o nome de Hermes Trismegisto foi reverenciado, sendo esse nome considerado como sinônimo de "Fonte de Sabedoria".

"Os Princípios da Verdade são Sete; aquele que os conhece perfeitamente possui a Chave Mágica com a qual todas as Portas do Templo podem ser abertas completamente" (O Caibalion).

As sete leis herméticas ou os princípios de Hermes Trismegisto

(Fonte: https://pt.wikipedia.org/wiki/Hermetismo)

A Ciência tradicional baseia-se nos princípios herméticos. São eles paralelos aos princípios da nova Física. A origem vem dos deuses: Hermes (grego), Thot (egípcio) e Mercúrio (romano), todos o mesmo deus, na Antiguidade.

1. Lei do mentalismo

Tem o universo como um grande pensamento divino. Tudo existe na mente de um Ser Superior (Deus e Deusa) que nos "pensa" e assim tudo existe. Toda a criação principiou como uma ideia da mente divina que continuaria a viver, a mover-se e a ter seu ser na divina consciência.

"O Universo e toda a matéria são consciência do processo evolutivo da criação". São como os neurônios de uma grande mente, um universo consciente que "pensa". Todo o conhecimento flui e reflui de nossa mente, já que estamos ligados a uma mente divina que contém todo conhecimento.

Os cinco sentidos do cérebro humano atuam tanto como filtros quanto como fontes de informação. Eles bloqueiam uma considerável soma de informações, caso contrário seríamos esmagados por essas informações que nos bombardeiam minuto a minuto, como sons, cheiros e ideias. Não haveria a capacidade de nos concentrarmos nas tarefas específicas. Mas, sob condições corretas de consciência, podemos moderar ou até desligar o processo de filtração, com a consciência alterada, o conhecimento universal.

2. Lei da correspondência

"Aquilo que está em cima é como aquilo que está embaixo".

Vivemos nas coordenadas do espaço físico, mas também vivemos em um mundo sem espaço e sem tempo.

A perspectiva da Terra normalmente nos impede de enxergar outros domínios acima e abaixo de nós. A nossa atenção está tão concentrada no microcosmo que não percebemos o imenso macrocosmo à nossa volta. O princípio de correspondência diz-nos que o que é verdadeiro no macrocosmo é também verdadeiro no microcosmo e vice-versa. Portanto, podemos aprender as grandes verdades do cosmo observando como elas se manifestam em nossas próprias vidas.

Estudamos o universo para aprender mais sobre nós mesmos. Na menor partícula existe toda a informação do Universo.

3. Lei da vibração

"Todas as coisas se movimentam e vibram com seu próprio regime de vibração".

Nada está em repouso.

Das galáxias às partículas subatômicas, tudo é movimento. Todos os objetos materiais são feitos de átomos e a enorme variedade de estruturas moleculares não é rígida ou imóvel, mas oscila de acordo com as temperaturas e com harmonia. A matéria não é passiva ou inerte, como nos pode parecer em nível material, mas cheia de movimento e ritmo: ela dança.

4. Lei da polaridade

A polaridade é a chave de poder no sistema hermético. "Tudo é dual". Os opostos são apenas extremos da mesma coisa.

Energia negativa (-) é tão "boa" ou "má" quanto energia positiva (+).

5. Lei do ritmo

"Tudo está em movimento, a realidade compõe-se de opostos". E os opostos se movem em círculos.

As coisas recuam e avançam, descem e sobem, entram e saem. Mas também giram em círculos e espirais. A lei do ritmo nos assegura que cada ciclo busca sua complementação. A grande roda da vida está sempre fazendo um círculo. O que muda é o tamanho desse círculo.

6. Lei do gênero

"O princípio hermético do gênero diz que todos temos componentes masculinos e femininos". É uma importante aplicação da lei da polaridade. É semelhante ao princípio animas – animus, que Carl Jung e seus seguidores popularizaram, ou seja, que cada pessoa contém aspectos masculinos e femininos, independentemente do seu gênero físico.

Nenhum ser humano é 100% homem ou mulher, e isso é até astrologicamente explicado, uma vez que somos influenciados por todos os signos (uns mais, outros menos) e metade do zodíaco é feminino, enquanto a outra metade é obviamente masculina (esse é mais um argumento que suporta a igualdade entre deus e deusa).

Em todas as coisas existe uma energia receptiva feminina e uma energia projetiva masculina, a que os chineses chamavam de Yin e Yang.

7. Lei de causa e efeito

"Em sua forma tradicional, a lei de causa e efeito diz que nada acontece por acaso", que para todo efeito existe uma causa, e que toda causa é, por sua vez, um efeito de alguma outra causa.

Tábua de Esmeraldas
"Isto é verdade, sem mentira, muito verdadeiro" (A verdade nos três mundos).

"O que está embaixo é como o que está em cima" (Lei da analogia).

"E o que está em cima é como o que está em baixo" (Lei da correspondência).

"E como todas as coisas vêm e vieram do Um" (Lei do número).

"Assim todas as coisas são únicas por adaptação" (Lei da adaptação).

"O Sol é seu pai; a Lua é sua mãe; o vento carregou-o no ventre; a terra o nutre" (Os quatro elementos).

"Separarás a terra do fogo, o sutil do espesso, docemente como Grande Indústria" (Arcano da salvação, separação da matéria do espírito).

"Ele sobe da Terra para o Céu, e de novo desce a Terra e recebe a força das coisas superiores e inferiores" (Lei da evolução/involução).

"Terás, por esse meio, toda glória e toda escuridão se afastará de ti. É a Força forte de todas as Forças" (Lei do amor e do sacrifício).

"Porque ele vencerá toda coisa sutil, e penetrará toda coisa sólida" (É pela lei do amor que o espírito move o Universo).

"Assim foi criado o mundo" (Lei da realização).

"Disso saíram inúmeras adaptações cujo meio está aqui. Por isso fui chamado de Hermes Trismegistus, possuindo as três partes da Filosofia do mundo" (Divino, Astral e Físico).

"O que disse da cooperação do Sol está realizado e aperfeiçoado".

(Fonte: http://www.eradeaquario.com.br/site/as-sete-leis-hermeticas-ou-os-principios-de-hermes-trismegisto.php).

FÉ

Fé, do latim *fide*, é a adesão de forma incondicional que a pessoa considere e sinta como verdade absoluta, sem qualquer tipo de prova ou critério para comprovação de que o que confia acontecer já está consumado.

No parágrafo anterior, existe uma correlação entre o que é fé com a explanação de como a lei da atração retrata sua teoria, dando crédito e referência a um conteúdo muito conhecido da atualidade do século 21, "o segredo" narrado pelo livro *O Segredo*.

Fazem-se evidentes os mesmos princípios, "Acreditar, a rigor, em algo antes deste ter acontecido de fato", consumando-se dessa maneira resultados ainda inexplicáveis.

"Certo homem saiu para semear, enquanto semeava, uma parte das sementes caiu à beira do caminho e os pássaros vieram e as comeram. Outra parte caiu no meio de pedras, onde havia pouca terra. Essas sementes brotaram depressa pois a terra não era funda, mas, quando o sol apareceu, elas secaram, pois não tinham raízes. Outra parte das sementes caiu no meio de espinhos, os quais cresceram e as sufocaram. Uma outra parte ainda caiu em terra boa e deu frutos, produzindo 30, 60 e até mesmo 100 vezes mais do que tinha sido plantado. Quem pode ouvir, ouça" (Mateus, 13:4-9).

Para melhor explanação em nível de entendimento, suponha-se que a mente *subconsciente* é um jardim e a mente *consciente* é o jardineiro, portanto, dar-se-á o jardineiro a plantar a semente no jardim, do mesmo modo pensar, resultará em plantar ideias no subconsciente. O jardineiro usa de sementes para plantar, o ser humano manipula pensamentos (ideias) para imaginar e ambos geram resultados.

Ao ponto que o jardineiro coloca a semente na terra, este por sua vez usualmente não atina como funciona o processo de germinação, contudo, ele assim o faz, ciente de seu funcionamento. Em momento algum tem dúvidas de que a semente ao ser regada e cuidada não germinará, apenas se "acredita" que em algum determinado momento colher-se-á os seus frutos. Dessa mesma maneira, é descrita a fé, uma vez que se "acredite" em uma ideia ou em um pensamento como verdade, agregado a emoções e sentimentos pertinentes, mesmo sem mensurar como isso se faz possível, chegar-se-á a resultados surpreendentes ou, por que não, inimagináveis.

Isso se torna uma veracidade comprovada ao ponto que milhões de pessoas, ao praticarem essa dádiva, receberem seus resultados e passarem então a chamá-los de milagres.

A maior condição que Jesus defendeu foi a fé. Várias e várias vezes lê-se na Bíblia: *"Que seja feito segundo a vossa fé"*.

"Eis que vos digo a verdade: quem disser a este monte, erga-te e lança no mar, e não duvidar no seu coração, mas tiver fé em que aquilo que disser vai acontecer, assim acontecerá" (Marcos, 11:23).

Não duvidar no seu coração é o começo do caminho, sentir e acreditar certamente é um grande desafio.

De mesmo modo, talvez a melhor explicação do porquê de outros afirmarem que nunca conseguem alcançar seus objetivos dar-se-á também de mesma maneira, porém ao contrário, ao acreditarem "fielmente" não ser possível atingir seus "sonhos". Por esse motivo, deve-se ter cautela quanto às "sementes" e/ou pensamentos do dia a dia, pois estes podem ser bons ou ruins, ambos a Terra ou o subconsciente aceitará e entregará os resultados, exatamente como em uma plantação, não distinguindo a qualidade, gênero ou classe da semente para sua germinação. Todas e quaisquer sementes boas, que consequentemente geram bons frutos, demandam cuidado diário e levam mais tempo para produzir suas resultâncias, estas, por sua vez, são totalmente diferentes das sementes ruins, que não precisam de muito cuidado para mostrarem seus efeitos. As ervas daninhas do campo, por exemplo, que, sem um mínimo de cuidado, rapidamente transformam-se em pragas, e se espalham depressa, assumindo o controle da maior parte do território da lavoura, são um exemplo comparativo a pensamentos negativos. Assim também é a vida, quando se compreende que tudo está conectado de alguma forma e que a mente funciona exatamente igual às plantações, se entende por que Jesus utilizava-se tanto de parábolas para explanações, pois notoriamente, se assim não fosse, seria muito difícil para pessoas "humildes", da época, interpretarem com clareza tamanho, vasto e complexo conteúdo.

Contudo, de fato, o bom vem com fartura ao seu cuidado e tempo, o ruim vem mais rapidamente, sem o mínimo de cautela. Pensamentos positivos geram resultados que exigem, além de cuidado, atenção, consciência e um tempo maior até sua colheita.

Usando-se dessa reflexão então, e com um simples diagnóstico interno do seu eu, já se faz possível perceber que a fé existe dentro de todos os seres humanos, tanto quanto a lei da atração nos apresenta que sua força já atua no indivíduo, sabendo ele ou não disso.

A partir desse ponto de vista e experiência, se faz percebível que todas as pessoas já se encontram a colher seus frutos diariamente, sejam eles bons ou ruins. Quaisquer que sejam as áreas da vida, amorosa, financeira, profissional etc., é possível identificar inúmeras sementes (ideias) já plantadas, germinadas, outras tanto quanto crescidas, bem como muitas dando frutos.

Isso tudo acontece porque o passado existiu, e sempre algo é semeado; entretanto, a questão que vale ressaltar é que sementes foram plantadas lá atrás, que tipo de frutos se está a colher agora, no presente momento, e quão rápido se está a colher, pois de fato tudo influencia, visto que sem dúvidas a lei é implacável.

"A lei da mente é implacável. O que você pensa, você cria; o que você sente, você atrai; o que você acredita torna-se realidade" (Buda).

Dada essa conscientização, se faz possível ponderar por que talvez nunca tenha gozado em vida ainda tudo o que se almeja alcançar.

Portanto, consciente de que a fraternidade e a compaixão para com o próximo devam ser a porta de entrada do sucesso, se faz necessário estar imensamente comprometido, em tutelar, interessar-se, vigiar e zelar pela sua plantação.

Instaurar um labor dentro de si, para que, desse modo, detenha-se uma mente saudável, positiva, esperançosa e equilibrada e, ao seu devido esforço e repetição em seguir o bem, seja possível experienciar uma bela colheita. São outros ingredientes do sucesso, conquanto a atenção deva ser plena, pois tanto a Bíblia como todos os livros de sabedoria permitem muitas faces interpretativas, que, quando mal analisadas, nos afastam de muitos dos possíveis benevolentes êxitos.

"Eu sou o caminho, a verdade e a vida, ninguém vem ao Pai senão por mim"
(João, 14:6).

Nessa passagem, Jesus está apenas demonstrando que a forma mais fácil de encontrarmos as respostas que nos afligem está no seu exemplo de verdade e de honestidade, que consequentemente gera o caminho para se viver em paz e feliz.

Entretanto, nem todos escolhem essa opção, e por esse motivo não significa que devam ser "moralmente excluídos" como muitas religiões o fazem, pois, ao observarmos todas as pessoas que são mais céticas e que não acreditam em Deus ou qualquer outra divindade, elas tendem a se utilizar de alguma forma de "fé", pois, usando as provas físicas e a racionalidade como seus princípios de viver a vida, de alguma maneira estão a acreditar fielmente em algo positivo. Que fique claro que nem toda pessoa espiritual, ou que se diz religiosa, é necessariamente positiva, contudo, nem todo indivíduo descrente é um ser negativo. Para clarificar essa elucidação, vamos neste exemplo usar os princípios de agir bem com positividade diária a ambos os descritos, os céticos e os espirituais.

Ao não acreditar em nada que não possa ser provado cientificamente, ou talvez visto, os descrentes tendem a decidir de forma racional todas as suas escolhas, desse modo, fazendo com que seus subconscientes aceitem suas verdades da maneira mais lógica possível, o que não os impede de serem bem-sucedidos, social e financeiramente, mesmo não acreditando em Deus, pois à medida que suas mentes estão cheias de coisas racionais e "boas", consequentemente vão receber de volta tudo que estão a plantar. Caso assim não fosse, Deus seria inexistente, pois não haveria justiça em somente os credores serem beneficiados sobre as riquezas do mundo físico, dado pelo simples fato de que Deus também é a Justiça e não haveria, de modo algum, justiça, se, por qualquer motivo, se fosse obrigado a acreditar em algo que não pode ser "visto ou provado" pelos sentidos e modo de vida que vivemos. Os indivíduos descrentes das forças e das leis invisíveis, geralmente por serem muito racionais, demonstram um excelente relacionamento com o intelecto, são muitas vezes pessoas boas e corretas, mesmo não acreditando em nada superior ou em nada que não possa ser provado, uma vez que a racionalidade dos fatos é o seu deus.

Já os mais espirituais, também se utilizando do princípio de serem religiosos ou não, depositam todas as suas esperanças sentimentais e materiais na fé e em Deus. A fé que possuem em seu interior é a razão de todas suas conquistas.

Eles usam da oração para fazerem seus pedidos e agradecimentos, se conectam com Deus em sua intimidade, na busca da paz, da felicidade, e obviamente da estabilidade financeira também, agem nos princípios do bem, enchem seus corações e mentes com amor e bondade. Sua fé em acreditar que o impossível é sempre possível faz com que verdadeiros milagres aconteçam em suas vidas. Curas que nem os melhores especialistas compreendem como podem ser possíveis são vistas a todo o momento para quem tem fé.

"Vá", disse Jesus, "a sua fé o curou…" (Marcos, 10:52).

A fé, neste caso, é o princípio da vida, e não mais as provas físicas, porém ambos, crentes e descrentes, são regados de orações ou pensamentos racionais positivos, que na veracidade são a mesma "coisa" que persuade o subconsciente a aceitar essa realidade; de forma racional ou pela crença, ambos demonstram fé em seu credo. Independentemente da escolha, racional (cética) ou espiritual (Deus), citado neste exemplo, é possível refletirmos, portanto, que muitos resultados, em nível de conquistas de bens materiais ou sucesso pessoal, são concretizados sempre por pessoas que acreditam ser possível alcançar seus objetivos. Contudo, aos mais céticos, deve-se reportar que paz e felicidade são estados de espírito e que felicidade não pode ser confundida com prazer, ambas não pertencem ao mundo da racionalidade; vale também a reflexão de que a paz interior não é material, não pode ser comprada, tocada, nem é visível, não pode ser provada pela Física nem pela Ciência, entretanto todos sabemos que ela existe.

"É por isso que lhes digo: Todas as coisas que vocês pedirem em oração, tenham fé em que já as receberam, e as terão" (Marcos, 11:24).

Dessa maneira, a paz interior é um bom exemplo para se ponderar e refletir sobre a existência de uma forma de "energia", embora invisível, pois, mesmo sendo enigmática, reflete mudanças significativas na vida de muitos que alcançam essa percepção. Os que oram seguidamente, entendem esses com mais eficácia os seus mistérios, pois conhecem o preenchimento de amor, relaxamento e harmonia que invade seus corações sempre que passam a imitar o caminho que o Cristo ensinou. Ou seja, os que conseguirem amar ao seu semelhante, qualquer que seja ele, evidentemente, experimentarão dessa "energia" que transforma vidas e traz a verdadeira paz.

Praticar o caminho da fé e imitar a bondade do Cristo não significa ir para igreja e ajudar de vez em quando algo ou alguém, praticar Deus também não significa mostrar-se ao mundo como "santo", próximo da perfeição, isso é mais parecido com alimentar o ego, pois tanto os espirituais como os descrentes sofrem com esse "ser" que vive dentro de si e que aspira por ser elogiado, admirado e visto como o melhor em tudo – ambos os casos são falhos. Para praticar Deus da forma mais simples e para que tudo seja esclarecido e revelado, deve-se ter compaixão, importar-se, perdoar, ouvir, preocupar-se com tudo e com todos, não reclamar de nada e de ninguém, esvaziar-se do eu tenho, do eu posso e do eu mostro, eliminar o egoísmo que sempre coloca o "eu" na frente do outro, e, acima de tudo, ser honesto, principalmente quando ninguém estiver observando, isso inclui dar o melhor de si no dia a dia, no trabalho e em qualquer ocasião pertinente. A não espera por nenhum reconhecimento ou elogio também traz paz, acreditar que Deus existe e que ele está observando tudo, e principalmente detém o poder de recompensar caso se faça por merecer, é outra boa forma de alcançar a paz e consequentemente os objetivos traçados. Indiscutivelmente uma dura tarefa, conquanto aos decididos, despertos, corajosos, animados, fiéis de coração e perseguidores de uma vida melhor, tornar-se-á evidente que existe um poder superior, tanto que porventura lhes será revelado de forma natural e também, por que não, sobrenatural. Nesse estágio, então, não se necessita de "provas", pois os que alcançam esses domínios não fazem mais esforços, tudo é respondido internamente, inclusive se entende o motivo pelo qual não é necessário mais perguntar o como e o porquê das coisas.

Os que não compreendem isso e não procuram saber ou praticar o citado, não serão de forma alguma desrespeitados ou considerados inferiores, nem tanto superiores. Deus é um Deus de justiça, ele deu o poder de decisão para todos os seres humanos, chamado esse de livre-arbítrio, entretanto, para descobrir o novo, necessita-se apenas e tão somente ansiar em querer algo a mais do que somente uma boa vida financeira a caráter de prazeres, momentos felizes e estabilidade, pois notoriamente é muito bom tudo isso, contudo, perseguir o algo a mais, a verdadeira paz e felicidade, exige testes "desconfortáveis" às vezes, pois ferem o principal adversário, o orgulho. Porém, em meio à "batalha", já como mágica, inúmeros novos sentimentos tornar-se-ão reais, bem comparáveis ao sentimento de amor por um filho que, por mais riqueza de detalhes com que se tente explanar essa emoção, só se faz entendível, transparente e compreensível aos que concebem essa graça, pois antes desta conquista se faz impossível entender o sentimento de ser pai ou mãe.

"Porque me viste, acreditaste. Felizes os que acreditam sem terem visto"
(João, 20:29).

"Arrisco-me a descrever que a briga entre Ciência e fé é uma briga de duas gigantes, que, vistas cada uma ao seu ponto, são ambas verdadeiras e levam a um mesmo único, e ainda misterioso, objetivo, ainda desconhecido"
(Douglas Faoro).

Dicas

- A vida não é injusta com você, você que pode estar sendo injusto com a vida.

- Quais suas expectativas sobre o futuro?

- Nós não recebemos o que queremos, nós recebemos o que pensamos, a não ser que o que queremos sejam as mesmas coisas sobre as quais mais pensamos.

FELICIDADE

O sentir-se bem já se faz um grande prenúncio do que é felicidade. Ter sucesso para ser feliz ou ser feliz para ter sucesso?

Dada a resposta que vale, irrevogavelmente, um milhão de dólares, contudo, notoriamente, tornar-se-á um enigma, caso não bem interpretada, fazendo-se dessa maneira nem um nem outro.

O que muitas vezes é felicidade para alguns, pode não ser para outros, duas verdades que, por não serem bem concebidas, geram conflitos aos envolvidos. Muitos casais facultam de experiências desse tipo em suas relações.

Felicidade é algo que a grande maioria dos seres humanos almeja, todavia, muitas pessoas procuram ter felicidade e outros decidem ser felizes. Suporta-se, dessa maneira, a explanação que sucesso e dinheiro são meios proporcionadores de muitos momentos "felizes", contudo, vale-se da reflexão também da volumosa lacuna em diferenciar felicidade de prazer. Prazer, definitivamente, não é um estado de espírito, pois se faz comprável. "Ser" é diferente de "Ter" (Ser é eterno, Ter é temporal).

"Ser feliz sem motivo é a mais autêntica forma de felicidade"
(Carlos Drummond de Andrade).

Felicidade não pode ser comprada nem baseada em materialidades, pois esse deleite de alegria, talvez um dos sentimentos mais desejados, é uma opção, é nada mais que uma das emoções mais puras e leves que se escolha viver.

Visto que esse regozijo é uma escolha interna, quando se escolhe felicidade, se escolhe ser positivo e agradecido, independentemente da situação econômica ou social, se escolhe viver cada momento como único, se escolhe viver o dia de hoje sabendo que nunca mais se terá esse mesmo dia novamente, se escolhe viver o presente estando presente nele.

É condigno de afirmar que muitos dos seres humanos encontram-se a pensar por muito tempo no passado, desse modo, imaginando o quanto foram felizes e não sabiam, buscam no acontecido a felicidade que não existe mais. Também não entendem que o melhor do antigo vivenciado é somente a lição que ele deixou, e consequentemente não conseguem se beneficiar do único momento em que se pode ser feliz: o agora.

A referência que se deve priorizar é sempre o agora, pois é o único lugar que importa de verdade, onde tudo acontece e onde a vida pode ser melhor, é somente no presente momento que se vive.

Por sua vez, alguns não compreendem que, quando o passado era o presente, porventura não foi dado o devido valor a esse período, momento aquele que se realiza novamente "agora", o presente. Assim, pode-se perceber que a cada minuto criam-se oportunidades, pois as boas vibrações, pensamentos, palavras, atitudes elaboradas no dia de hoje se tornarão as recordações do amanhã.

Outras pessoas, no entanto, preferem viver somente no futuro, imaginam boa parte do tempo quanto "poderiam" ser felizes se fossem capazes de adquirir e usufruir tudo o que sempre sonharam, entregam-se totalmente a este período do tempo, e esquecem que este intervalo também não existe, futuro é uma mera ilusão a critério de felicidade, até porque tudo que se almeja viver nesta etapa nunca se fará acontecer da forma cem por cento planejada, pois a vida é tão incerta e única quanto o DNA de qualquer ser vivo. O tempo futuro nada mais é do que as consequências do que se planta, pensa, diz e age hoje, no agora. Isso não significa, nem se intenta com essa explanação, revogar a criação de metas ou até mesmo sonhar, ou imaginar o futuro, entretanto, o que não se pode aconselhar é inclinar-se na ilusão de que alguma coisa "maravilhosa", sem o seu devido esforço, nas regras já descritas, com sua base na fraternidade e honestidade, vai acontecer caso não exista comprometimento com sua aplicação.

Felicidade certamente não está no passado, não está no futuro, felicidade não é material, não possui preço, ainda que ela esteja disponível a todos os seres humanos, felicidade está dentro do coração, no interior, na mente, no amor.

A FASCINANTE FORMA DE ENTENDER A COISA TODA

Possivelmente se tornarão muito mais sábios os seres humanos que desejarem "ser felizes para ter sucesso", pois, em nível de entendimento dessa citação, se compreende também a gratidão, o verdadeiro sentido de se sentir grato pelo conquistado.

Desse modo, mais uma vez, se evidencia como funciona a lei da atração, fé, causa e efeito, e tantas variações das explanações de por que a vida de alguns é tão melhor do que a de outros.

Muitas vezes, também se atrela a felicidade (futura) ao sucesso profissional, já que para muitas pessoas a carreira é o segredo da felicidade. Acreditam elas que a devida formação, ou o atingimento de determinado nível hierárquico competente, conceberá a abertura da porta (contentamento pleno), felicidade, embora os que atingem essas metas, mais tarde, possivelmente se esbarrem na possibilidade de perceber que o sucesso profissional, ainda que importantíssimo, não é o fator determinante de felicidade.

Muitos dos que se deparam profissionalmente bem-sucedidos, e que atingem altos rendimentos salariais, ou qualquer forma valiosa de renda extra, tendem a compreender com mais facilidade que não consequentemente a felicidade ou a paz interior foram concebidas com o atingimento dessas metas, por isso a confusão entre felicidade e momentos felizes (prazer); logo, então, se entende que o "desejo" por um carro maior e melhor, uma casa nova, roupas, óculos, tênis e, por fim, uma frenética busca incansável para atingir mais e mais sempre estará relacionada com a expressão "ter sucesso para ser feliz".

A intenção aqui, com esta explanação, não é repudiar os bens materiais, ou as conquistas, pelo contrário, estes são de grande valia para a vida em si, apenas se acredita existir um equívoco em atrelar felicidade ao dinheiro, fator esse de muita procura da maioria dos seres humanos, pois todos sabem que a palavra "felicidade" está de alguma forma atrelada dentro de todas as pessoas sempre que questionadas sobre a condição determinante do que se almeja em vida, "ser feliz".

Essa referência condiciona felicidade para que ela seja baseada em "Ser" para ter e não em "Ter" para ser, porque evidentemente os que decidem ser felizes descortinam o "segredo" interno, compreendendo dessa maneira que parâmetros como o egoísmo (querer tudo para si próprio) é um dos maiores bloqueadores do entendimento "Ser" feliz.

Faz-se história, são contadas, recontadas e principalmente noticiadas em todos os momentos ocorrências nas quais se verificam atletas, atores etc. insatisfeitos com salários anuais de mais de 2 milhões de dólares ao ano, dado a aborrecimentos às vezes justificados, quando colegas em posições similares obtêm montantes salariais maiores. Essa questão enfatiza e faz repensar quanto o mundo ocidental e capitalista nos aprisiona ao relacionar o "Ter" para ser feliz, diferentemente do mundo oriental e espiritual que na sua grande maioria enfatiza o "Ser".

"Dinheiro é um negócio curioso. Quem não tem está louco para ter: quem tem está cheio de problemas por causa dele" (Ayrton Senna).

Pode-se afirmar que comparações realizadas com pessoas mais bem-sucedidas financeiramente demonstram com mais clareza a explanação anterior, de que o dinheiro não pode ser relacionado à felicidade, e que a falta de gratidão pelo que se tem, independentemente do que se tenha, é uma das causas, condição, efeito e, principalmente, elemento para o desgosto, o desprazer, o aborrecimento, "o azar" e indubitável explanação do porquê pessoas ricas também são infelizes.

Por outro lado, a mesma comparação feita com pessoas agradecidas eleva indiscutivelmente os níveis de satisfação, bem-estar, prazer e alegria.

Segundo a matéria a seguir, se faz mais claro o entendimento dessa questão em nível mais aprofundado.

A chave para uma vida melhor, mais feliz e duradoura está em agradecer e ter consciência do poder do obrigado(a), dizem os especialistas.

"Acontece que há uma emoção que é realmente incrível em nos ajudar a resolver o problema humano essencial de sobrevivência. E essa emoção é a gratidão", garante Sara Algoe, PhD, da Universidade da Carolina do Norte, em Chapel Hill.

Gratidão, diz Sara, é a cola que pode unir as pessoas e criar felicidades de dentro para fora. Ela ensina quatro maneiras para aumentar a gratidão.

O poder da gratidão

Segundo a pesquisadora, a experiência de ser grato tem benefícios imediatos.

Aprender a aproveitar esse poder e tornar-se mais intencional sobre isso pode melhorar nossos relacionamentos e reforçar nossa própria saúde e felicidade.

"Quando sentimos gratidão em relação a alguém, nós entramos em ação e alcançamos. É essa atitude que pode atrair outra pessoa para um relacionamento".

Quando realizou um estudo entre casais, em que um parceiro expressou gratidão ao outro por um ato específico, as recompensas foram exponenciais.

"Digamos que [a esposa] fez algo de bom para [seu marido], só porque queria", diz Sara.

"A esposa se sente bem por ter feito algo legal e o marido é um beneficiário feliz. Mas quando ele expressa sua gratidão por seu ato de bondade, ele reforça seus sentimentos positivos. Então, duas pessoas ganham pela gratidão de uma pessoa".

"As pessoas que expressam positividade em geral são vistas como mais amigáveis, mais competentes e mais agradáveis", diz Sara.

"Gratidão amplifica isso. As pessoas veem você mais disposto a ajudar, mas elas também querem ajudá-lo. Elas são agradáveis com você, elas querem sair com você – essas são coisas boas para sua saúde".

Gratidão faz bem para você!

Sara confirma o que muitos estudos revelaram: praticar gratidão realmente faz você viver mais tempo e melhor.

Pesquisadores da Universidade de Ciências Sociais e Ciências Humanas do SWPS, na Polônia, analisaram recentemente os efeitos da gratidão prática em quatro grupos: homens deprimidos, mulheres deprimidas, pacientes com câncer de mama e pacientes com câncer de próstata.

Após um período de treinamento de 14 dias em que eles aprenderam a refletir sobre o que eles agradeceram, todos os grupos mostraram maior senso de bem-estar e maior percepção de apoio social.

Um estudo semelhante, da mesma universidade, focou exclusivamente nas intervenções de gratidão no tratamento da depressão e descobriu que práticas como criar um diário de gratidão, escrever uma carta de gratidão, falar sobre bênçãos recebidas e visitas de gratidão tiveram um efeito poderoso.

Os indivíduos que participaram das intervenções aumentaram a felicidade subjetiva, melhoraram seus relacionamentos, dormiram melhor e tiveram mais apoio social.

"A gratidão é um amplificador psicológico do bem na vida", diz Philip Watkins, PhD, da Eastern Washington University.

O molho secreto da gratidão

A pesquisa recente de Philip analisa o que ativa a gratidão e os ingredientes necessários para torná-la efetiva.

O componente mais crítico, diz ele, é a apreciação.

"A apreciação pode ser entendida quando há o aumento da percepção do que é recebido", diz ele.

"O valor percebido e, mais importante, o aumento do valor percebido é extremamente importante para a gratidão".

Ironicamente, o trauma pode ser um dos meios mais eficazes para desencadear a apreciação.

Em nossas vidas diárias, podemos nos acostumar com a rotina e isso pode nos levar a ignorar as pequenas coisas que apreciamos.

"Quando você experimenta um evento traumático... você começa a notar bênçãos simples", diz Philip.

Exercícios como contar suas bênçãos também mostraram ser efetivos no ensino de apreciação.

A FASCINANTE FORMA DE ENTENDER A COISA TODA

Ele diz que quanto mais aprendermos sobre gratidão, mais aprenderemos a cultivá-la e usá-la como uma ferramenta para melhorar a saúde, a felicidade e a longevidade.

"A gratidão tem uma variedade de efeitos para nós. No final, expressar gratidão constrói uma ponte para outras pessoas e as convida a atravessá-la", diz Sara.

Quatro maneiras de aumentar a gratidão

1. Mantenha um boletim de gratidão. Escreva de três a cinco coisas pelas quais você é grato – todos os dias – e explique por que cada uma faz você agradecer.

1. Conte suas bênçãos. Todas as noites, antes de ir dormir, lembre-se de uma ou duas coisas pelas quais você é grato.

1. Escreva uma carta de gratidão. Escreva uma carta a alguém em seu presente, ou passado, a quem você é grato.

1. Faça uma visita de gratidão. Se você escreveu uma carta ou nota de gratidão, visite a pessoa a quem é dirigida e leia-a em voz alta.

(Fonte: http://www.sonoticiaboa.com.br/2017/10/23/ser-grato-ajuda-a-viver-melhor-e-mais-feliz-diz-pesquisa/).

Já no exemplo da insatisfação de atletas, ou pessoas materialmente bem-sucedidas, se percebe que estes enfrentaram algum tipo de problema mais sério, como uma quase morte, doenças, enfermidades, e porventura o superaram. Essas pessoas tendem a retornar então para o cotidiano em situações inferiores as suas antigas posições financeiras ou de status social, mas mesmo assim, e na grande maioria das vezes, encontram-se aliviados, relatando a paz e a felicidade não experimentada anteriormente. Demonstrando, mais uma vez, que o dinheiro não pode ser o objetivo predominante quando se almeja felicidade.

Um exemplo bem marcante está relatado no livro *A arte da Felicidade*, do Dalai-Lama, no qual ele relata:

"Há pouco tempo, assisti a uma entrevista na televisão com Christopher Reeve, o ator que caiu de um cavalo em 1994 e teve lesões na medula espinhal que o deixaram totalmente paralisado do pescoço para baixo e exigem que ele respire com aparelhos em caráter permanente. Quando o entrevistador perguntou como ele lidava com a depressão decorrente da sua invalidez ele confessou ter vivido um curto período de total desespero enquanto estava na unidade de terapia intensiva do hospital. Prosseguiu, porém, dizendo que esse sentimento de desespero passou com relativa rapidez e que agora ele francamente se considerava um cara de sorte. Mencionou a felicidade de ter mulher e filhos amorosos, mas também falou com gratidão do veloz progresso da medicina moderna". (Fonte: livro *A arte da Felicidade*, de Dalai-Lama).

Precisamos compreender, de forma leve e saudável, que não existe corrida atrás da felicidade baseada somente em conquistas materiais, que esse sentimento, essa satisfação, já se encontra dentro de todos os seres humanos, e que ser grato é uma das receitas do bem-estar, dessa maneira podemos comparar o encontro com a felicidade a uma simples cidade. Toda e qualquer cidade possui o seu marco inicial no "centro". Posteriormente, bairros se desenvolvem em volta desse ponto inicial, e, independentemente da distância que se cresça em relação ao centro, seus moradores, sempre que desejarem celebrá-la, retornam para à marcação zero, o "centro". Assim como em um simples ovo, ou em uma galáxia, o eixo central sempre será a referência do melhor conteúdo, portanto, olhar para dentro de si é o que se institui para entendimento dela, nada está do lado de fora, e sim tudo começa pelo lado de dentro, no meio, na essência, no coração.

A felicidade é um sentimento positivo de se viver, escolher felicidade antes do sucesso material não é uma tarefa fácil, devido ao modo que os ocidentais sempre foram expostos a conviver com publicidades comerciais, campanhas e divulgações totalmente conectadas ao entendimento de que a aquisição de determinado produto se faz necessário para ter uma vida feliz.

A FASCINANTE FORMA DE ENTENDER A COISA TODA

"Há duas épocas na vida, infância e velhice, em que a felicidade está numa caixa de bombons" (Carlos Drummond de Andrade).

Na Bíblia, encontra-se uma passagem de Jesus dizendo:

"Deixem vir a mim as crianças e não as impeçam; pois o Reino dos céus pertence aos que são semelhantes a elas" (Mateus, 19:14).

Nessa passagem, Jesus apenas cita um dos exemplos de se assimilar a real felicidade, ele revela que as crianças têm em sua essência a natureza de serem felizes com o que elas possuem, elas não se preocupam mais do que o necessário, não tem a intenção de serem melhores que ninguém, seus brinquedos não necessitam ser os melhores nem os mais caros, não guardam rancor sobre o ontem, e também não sofrem agora pelo amanhã. São puras, só escolhem viver o melhor da vida, sendo felizes onde estão e com o que possuem, são os únicos seres que vivem o presente realmente estando presente nele.

Ao contrário dos adultos, que notoriamente tendem a depositar todas suas esperanças de felicidade no já citado "Ter" e não em "Ser".

Ou seja, todos somos o somatório de pensamentos e experiências positivas ou negativas que obrigatoriamente se fazem refletir na realidade futura. Toda ação tem uma reação e que volta na mesma medida para si própria, como já vimos anteriormente. Os que optam pelo desespero e reclamações colhem angústia para o todo o sempre, mas os que optam por esperança e gratidão se fazem merecedores de felicidade e paz.

Não existe melhor atração nesta vida do que atrair os sentimentos de bem, são nestes que estão a tão procurada felicidade.

"A nossa felicidade será naturalmente proporcional em relação à felicidade que fizermos para os outros" (Allan Kardec).

Nessa mesma linha, se faz notório e justo citarmos quatro substâncias químicas e naturais que, pelas pesquisas neste campo científico, nos permitem descrever sintomas de como a felicidade pode ser interpretada a esta vista.

Loretta Breuning, pesquisadora, descreve que, dependendo da forma com que o cérebro, por meio da mente, venha a emitir uma dessas químicas, indubitavelmente todos se sentem bem e felizes. São elas: endorfina, serotonina, dopamina e oxitocina. Essas substâncias "químicas naturais" são todas alcançadas com as práticas e princípios do "bem". Porém, não impossibilitando que elas sejam também liberadas e manipuladas ao corpo mediante "drogas artificiais", que alteram o processo natural da criação e geram sentimentos prazerosos a curto prazo; contudo, voltamos à mesma expressão citada recentemente, "toda ação tem uma reação", e o que não se faz por meio dos princípios inerentes à criação natural tem por resultado a destruição.

O DINHEIRO E OS MOMENTOS FELIZES

Sabe-se que dinheiro não é um deus, embora muitos o confundam como tal; entretanto, o dinheiro é sim importante, é um símbolo que facilitou a movimentação do mundo moderno.

Em circunstâncias do passado, quando o dinheiro não existia, terras, bois, cereais, tudo era considerado dinheiro. De modo consequente e evolutivo dos seres humanos, o papel, a moeda, os cheques, as transações eletrônicas, tudo isso veio proporcionar a facilidade cotidiana que antes era basicamente expressada pelas trocas.

Permite-se falar de dinheiro com muita extensão, visto que ele, para uma grande maioria, é, sem argumentações, a condição mais importante da vida. Entretanto, o não nivelamento e conhecimento sobre seus prós e contras resultam em um grande impacto emocional, que, por vezes, se transforma em irreparáveis conturbações na vida de muitas pessoas.

Quando usada a expressão *"cada um tem a vida que merece"*, devido à percepção de dureza da sentença, pede-se desculpas pelo compartilhamento, contudo, vale-se da explanação de que existem somente duas formas de se adquirir sabedoria para lidar com o dinheiro: por erro ou por orientação. Caso o ser humano não deseje instruir-se de nenhum modo, concede a si próprio permanecer como se encontra, assim fazendo jus a essa expressão.

Em decorrência disso, muitas vezes nem se dá conta do fato que a vida financeira que detém é a soma de escolhas em todas as áreas. Entretanto, usualmente a falta de "orientação" faz com que se delegue toda a responsabilidade de felicidade, paz, prazer, sucesso sempre ao dinheiro ou à falta dele. Este passa a ser o encarregado de resolver os problemas em todas as áreas, inclusive no amor, se "tornando", então, um deus.

"Se o dinheiro for sua esperança de independência, você jamais a terá. A única segurança verdadeira consiste numa reserva de sabedoria, de experiência e de competência" (Henry Ford).

Devido a essa circunstância, então o dinheiro é, dessa maneira, inteiramente ligado a toda diversidade das emoções e comportamentos da maioria dos seres humanos, "ele" se faz porventura a mais alta fonte de atitudes diárias, positivas ou negativas, sempre baseado em experiências já vivenciadas.

A forma de valor que se aplica ao dinheiro, incrivelmente, transmuta o sentido do humor cotidiano e consequentemente o destino da vida de um indivíduo.

Dado o exemplo da magnitude do poder que representa, vale a reflexão sobre a sua infância, sua família, as pessoas em volta de você, sua cidade, suas roupas, sua comida, suas viagens, seu carro etc.; a percepção de quanto cada item desses se faz impactante dentro da rotina diária ajuda a conceber o quanto o dinheiro se faz "deus" na sua vida, ressaltando apenas que o dinheiro não pode ser DEUS, pois não é criador, foi criado; enfatizando e facultando a reflexão de que se algo que foi criado e mesmo assim representa a mais alta importância em sua vida, "algo" supostamente melhor que o dinheiro está sendo perdido.

A eterna falta de algo, a sensação de precisar adquirir "alguma coisa", a busca insana por mais e mais de muitas pessoas, mesmo quando não se faz necessário, é uma forma de se refletir o quanto essas "coisas" fazem das suas identidades e autoestima a correlação direta com o dinheiro, pois, ao desejar imprescindivelmente muitas coisas, e ter prazer em mostrar de alguma maneira aos demais que as conquistas materiais as fazem felizes, possivelmente essas pessoas não são verdadeiramente felizes em sua plenitude interior.

"Muitos gastam dinheiro que ainda não ganharam, comprando coisas de que não precisam, para impressionar pessoas de quem não gostam" (Will Smith).

Torna-se mais evidente essa percepção de "identidade" quando, por algum motivo, se demanda fazer qualquer limitação de dinheiro, a qualquer necessidade que se faça pertinente. Imediatamente suas reais personalidades vêm à tona, pessoas normalmente desgostosas e tristes, confirmando a falta de conhecimento em identificar uma das grandes lacunas do ser humano em se conectar com a real felicidade, a "ânsia" em alimentar o ego.

Contudo, somente pensar sobre o assunto não resolve a questão, limita apenas a se entender a ponta do iceberg da felicidade relacionada ao dinheiro.

"Ter" é temporal e "Ser" é eterno, prazer é temporal, paz é eterno, dinheiro é temporal, felicidade é eterno. Talvez, através dessa reflexão, você se permita olhar para o grandioso universo e perceber que tudo é um, e um é um todo, fazemos parte da cadeia toda e não somos isolados dela. O dinheiro é apenas uma pequena porção do processo; conquanto, se para obtê-lo, se faz necessário em sua vida desencadear qualquer maldade, contra outro ser humano, contra a natureza, animais ou algo similar, por menor que seja, é de fato o mesmo que proteger a sua mão e agredir o seu próprio pé.

"Pode-se enganar a todos por algum tempo; pode-se enganar alguns por todo o tempo; mas não se pode enganar a todos todo o tempo" (Abraham Lincoln).

DEUS E A JUSTIÇA

A lei de Deus não pode ser comparada com a lei dos homens, nossas leis são uma tentativa de proporcionar justiça dentro de um mundo muitas vezes corrupto e sem amor.

Dentro do nosso "eu", nosso subconsciente, todos os seres humanos possuem a habilidade de diferenciar o que supostamente é certo ou errado. As pessoas de modo geral, por meio do amor, sentimento esse que carregam desde o nascimento, são capazes de interpretar as leis de Deus. Quando acontece, mesmo em níveis pequenos, qualquer corrupção ou outros malefícios, classificados às vezes no cotidiano como "normalidade", os quais a consciência aceita, como não devolver um troco errado que se tenha recebido ou perceber que se adquiriu de "graça" alguma mercadoria que não tenha sido paga, por exemplo, o interno, o espírito, a conexão que vem da força criadora pelo amor, sempre irá se manifestar; se o silêncio perdurar, caracteriza-se apenas que a decisão da não manifestação foi tomada, conquanto a lei sempre se faz revelada no íntimo, e todos sabem disso.

Todas as pessoas, de alguma maneira intuitiva, provinda do mesmo poder "misterioso" que descrevemos neste livro, possuem a capacidade de diferenciar o que é certo ou errado com tamanha precisão, que, na maioria das vezes, em que a lei "justa" não prevalece, por qualquer motivo que seja, fica a sensação de impunidade, de que de alguma forma, pela ambição, ganância e egoísmo do ser humano, algo está errado.

Explicar Deus e suas leis, como descrito antes, é algo muito grandioso para um simples ser humano tentar convencer o outro de sua existência ou não, porém vale mencionar alguns fatos relevantes.

A questão Deus gera a mais longa polêmica e guerras entre nações e dentro das nações desde que o mundo existe da forma que o conhecemos, tudo porque, de certa forma, as religiões ditam o que deve ser acreditado, uns somente pela Bíblia, livro dos cristãos, outros somente pelo Alcorão, livro dos mulçumanos, a Torá, livro dos judeus, ou até mesmo livros de sabedoria, magia e outras tantas crenças existentes.

A questão é que com tudo já identificado sobre o quão poderosa é a mente humana, não é necessário ser radical e seguir única e exclusivamente pensamentos e ideias dos outros, outros no sentido de pastores, padres, papa, rabinos e outros, conforme as demais crenças. De maneira alguma se intenta com essa reflexão recomendar a não orientação por meio deles, pelo contrário, todo compartilhamento é sábio e valoroso, conquanto todos esses também são seres humanos e falhos, como, do mesmo modo, estão na missão de evoluir de alguma maneira. O que se deseja evidenciar é justamente que milhões de seres humanos praticam e não se atinam desse radicalismo de cegamente acreditar que somente suas religiões estão corretas, renegando tudo e todos os demais, renegando inclusive um dos maiores mandamentos: "Amai-vos uns aos outros".

Não se faz necessário abdicar a prática da religião, a reflexão se dará pela simples análise que se a religião frequentada não pratica compaixão e respeito com as demais ou com o próximo, algo referente ao que Deus nos solicita praticar como maior lei para sua aproximação a Ele, essa religião possivelmente não mereça que você seja seguidor dela.

"Pois toda a lei se resume num só mandamento, a saber: "Amarás o teu próximo como a ti mesmo" (Gálatas, 5:14).

Todos nós somos únicos, e por esse motivo somos muito especiais, pois não existe sequer uma pessoa ou ser no universo que seja exatamente igual ao outro, todos somos diferentes em tudo, no modo de pensar, de sentir, de avaliar, de viver. Partindo desse pressuposto, as melhores respostas para Deus não estão na religião, e sim na soma de todos os dons e diferentes qualidades que formam a religião. As pessoas são a religião, as pessoas são a igreja, e não o contrário. Embora as congregações sejam um meio importante de compartilhar conhecimentos, a resposta para tudo está na espiritualidade, na compaixão e amor para com o próximo, na capacidade em se conectar diretamente com Deus, acesso direto entre você e o Criador, situação essa que testemunho ser possível, porém inexplicável por meio de palavras humanas.

A FASCINANTE FORMA DE ENTENDER A COISA TODA

Não se pode provar Deus mediante relatos passados, todas as evidências sempre geram dúvidas e todas as dúvidas criam Deus novamente. A mais clara evidência é que somos evolução e surgimos do "nada", ou seja, uma mistura química de muitas "coisas" gerou a primeira vida, porém agora, com a mais perfeita inteligência e acesso a toda a química e tecnologia atual, os seres humanos não são capazes, nem perto estão, de reproduzir o que o "nada" fez. Não somos capazes de recriar nem a natureza, nem o corpo, nem a vida. Nada.

Certamente, Deus, existindo ou não para você, não lhe fará uma pessoa pior ou melhor que as demais, não lhe privará de ser feliz por acreditar nele ou não. Entretanto, se Deus existir de fato, ele só pode ser justo e amoroso, isso é algo que não sabemos como, mas todos os seres que cultuam ou não Deus, com os seus mais derivados nomes, acreditam e sabem, porque sentem algo internamente que lhes garante essa afirmação. Somos todos conhecedores da verdade por meio do invisível, do sentimento, da intuição e da fé, embora, por livre-arbítrio, às vezes se escolham outros caminhos.

Comparando Deus ao amor, fica mais fácil de entender que sentimento é a melhor parte da vida, pois nada melhor que uma paixão para descrever o quanto a vida material perde valor para os que estão apaixonados. Para os apaixonados não existe lugar, hora, trabalho, ou nada que os impeça de se sentirem como se estivessem no paraíso, mesmo que estejam no mais simples e humilde lugar.

Ainda existe o amor de pai e mãe, irmãos e filhos, cito estes para evidenciar que existem sentimentos a serem descobertos e um deles é o sentimento que lhe provará a existência de Deus. Esse sentimento é único, muito mais forte que os demais, uso dessa reflexão para os que ainda não são pais. Estes porventura não duvidam de que, quando o forem, vão sentir algo maravilhoso, um amor novo, um novo sentimento, porém antes de o ser, você é capaz de descrever que amor é este? Provavelmente não. Esta é a chave, este é o segredo de Deus. Ao nascer um filho, nasce um sentimento novo, muito forte, que ninguém nunca imaginou existir antes, difícil de ser explicado com palavras humanas, algo muito bom, que preenche, que encanta, que dá razão de viver e reviver, algo que existe, algo que ninguém ousa duvidar, algo real, porém invisível aos olhos dos demais.

Sentimento de amor, essa é a palavra, ouso por experiência própria descrever Deus como um sentimento similar ao amor que se tem por um filho, entretanto, um pouco diferente e muito mais grandioso e intenso.

"Quem ama seu pai ou sua mãe mais do que a mim não é digno de mim;
e quem ama o filho ou a filha mais do que a mim não é digno de mim"
(Mateus, 10:37).

Ao mesmo tempo lhe convido agora a refletir se é possível viver a vida toda sem ter filhos e ser feliz? Sim, é possível, mas para os pais, após terem seus filhos e terem descoberto esse "novo" amor, pensar em viver sem ter conhecido esse sentimento seria um prejuízo de felicidade total. Assim é Deus, você precisa encontrá-lo, descobrir que sentimento é esse, que lhe prova sua existência. Então desse modo se adquire a sabedoria de que se precisa para analisar qual religião está certa ou errada ou se as religiões estão mesmo nos conduzindo a um caminho bom ou não. Neste ponto é possível até entender que a diferença de nível de conhecimento (evolução) de cada ser humano "obriga" todas as religiões a existirem, pois cada um vive necessitando de um grau de ajuda e conceito diferente, tudo isso devido à extraordinária forma de sermos únicos.

De uma forma mais racional, pense que você tem a habilidade de conversar pela língua dos sinais, então começa a explicar para uma pessoa com deficiência auditiva o que é o som. Mesmo com o seu esforço para ela entender que uma música alta e animada gera uma sensação de euforia, inexplicável, ou que até uma música lenta e baixa pode nos fazer chorar, acredito ser difícil para ela realmente entender o sentimento que se almeja explanar. Uma coisa é certa, se ela nunca experimentar o som, certamente nunca entenderá realmente o sentimento que está sendo explicado.

Essa então seria mais uma, e a mais próxima, forma que encontro, por experiência própria, para descrever a existência de Deus. Se você, caro leitor, não experimentar Deus, nunca entenderá Deus.

"E conhecereis a verdade, e a verdade vos libertará" (João, 8:32).

Ao passo que se aceitar então que um Deus, único, amoroso, justo, criador de tudo que existe, criador da sua e da minha vida, um Deus que pode fazer verdadeiros milagres a sua volta pode realmente existir, precisará somente "encontrá-lo" e experimentar esse novo sentimento que possivelmente transmutará sua vida.

Muitos de nós já nos julgamos bons e honestos, mas na verdade não o somos em sua plenitude, pois estamos, de alguma forma, tomados de rancor, inveja, orgulho, egoísmo e ego, o que nos afasta de "encontrar" Deus.

O caminho poderá ser longo até que tudo seja realmente revelado e claro, porém lhe convido a experimentar a "submissão", a conversa, a entrega.

Preciso reafirmar aqui que é possível, sim, ter uma vida abundante e feliz sem acreditar em Deus, pois, na forma justa de sua existência, ele jamais iria diminuir um ser de sua própria criação por não conseguir "encontrá-lo". Mas, da mesma forma que se pode ser feliz sem Deus, faz-se também a esse o desconhecimento de algo extraordinário no campo dos sentimentos, impossibilitando-o de sentir o preenchimento, e entender por que algumas pessoas são tão mais felizes que outras, pois bem sabemos que sempre estamos à procura de algo, e, quando conquistamos, nos sentimos felizes e realizados, preenchidos, conquanto logo se necessite novamente buscar novas metas.

Quando se escolhe encontrar Deus, essa sensação de "vazio" e de ansiedade, que a maioria sente no peito, pode ser amenizada por completo, como uma mágica que precisa ser vivenciada para ser compreendida. Deus não está relacionado com "Ter", Deus está relacionado com "Ser", Deus é um estado de espírito que lhe toma por completo e tudo que não fazia sentindo passar a fazer.

"Eis que estou à porta e bato; se alguém ouvir minha voz, e abrir a porta, entrarei em sua casa, e com ele cearei, e ele comigo" (Apocalipse, 3:20).

Dicas

- Deus só pode ser provado se experimentado.
- A única pessoa que pode provar a existência de Deus é você mesmo, as demais serão todas tentativas.

A DISTÂNCIA ENTRE O SER HUMANO E DEUS

No capítulo bíblico de Lucas, 19:26, existe uma descrição cuja interpretação, por um longo tempo, me intrigou. Acredito ser muito interessante citá-la, pois detém uma forte explicação em nível de compreensão de como e por que Deus se faz diferente do que normalmente chamamos de racionalidade.

"Pois na verdade lhes digo que qualquer um que tiver mais lhe será dado, mas ao que não tiver, até o que tem lhe será tirado." (Lucas, 19:26)

O mais interessante nessa frase de Jesus é, ao mesmo tempo, enigmático, porém condigno de muita inteligência, lucidez, mentalidade e conhecimento, pois ele tinha o esplêndido "dom" de explicar tanto ao passado quanto ao futuro o mesmo conteúdo e a mesma questão de múltiplas formas diferentes.

Ao reler essa passagem, entende-se que "seria" mais aceitável a inversão dos valores, por exemplo, *Ao que tiver menos lhe será dado, e ao que possuir mais lhe será tirado um pouco*", conquanto Jesus estava a falar já para o futuro, estava a falar da nossa mente. Fica evidente que às pessoas carregadas de raiva, ódio, rancor e negativismo, até o pouco de intelecto que possuem, resumir-se-á a ser perdido, e aos indivíduos providos de amor, fraternidade, honestidade e bondade, naturalmente mais lhes será acrescentado.

Por outro lado, existem também muitas pessoas que dizem não acreditar em fé, espiritualidade etc., por esse motivo precisamos mencionar que não existe uma fórmula perfeita, embora exista um bom caminho.

Essa definição deixa bem claro o quanto a palavra de Deus revela seu maravilhoso conhecimento. Tudo que se planta em ideias é o que se colhe em realidade, e nada mais justo do que as pessoas positivas receberem mais e mais e as negativas perderem ainda o pouco que detêm.

Possivelmente, o que realmente afasta o ser humano do poder "invisível" que o conecta a Deus são principalmente dois dos piores sentimentos, que, sem ao menos perceber-se, são praticados diariamente: o orgulho e o ego.

Quando não se é íntimo de Deus, não se sente a sua presença, e posteriormente se duvida da sua existência, talvez isso se deva à prática do orgulho e do ego. Uma boa dica para eliminar toda e qualquer angústia, ansiedade e tudo que nos perturba, mesmo que em pequenas proporções, e se encontrar com Deus, seria então entender como combater o que afasta as pessoas do Senhor Criador.

Vamos descrevê-los um a um para melhor entendimento e reflexão de quanto somos praticantes de sentimentos que normalmente não suportamos nos outros, mas não os enxergamos em nós mesmos.

"Por que reparas tu o cisco no olho de teu irmão, mas não percebes a trave que está no teu próprio olho" (Mateus, 7:3).

Orgulho

O orgulho do ser humano é definitivamente abominável e extremamente bloqueador da felicidade. A maioria das pessoas busca felicidade como uma das prioridades de vida, entretanto, as pessoas orgulhosas nem imaginam que estão se autossabotando ao praticar o orgulho.

O orgulho se faz presente e muito familiar em pessoas que não conseguem admitir, para elas próprias ou para os outros, que possivelmente podem estar erradas, que cometem ou cometeram alguma falha. O orgulho é tão prejudicial ao ser humano que, ao ser praticado, ele cria a mentira, a arrogância, afasta o perdão e consequentemente o bem-estar próprio e de quem o cerca. Indubitavelmente estimula o isolamento, pois relacionar-se com pessoas orgulhosas é muito indesejado, até para os que se submetem por alguma "necessidade", porventura sempre se faz notável a construção de uma "falsa verdade" em todas as situações. Por esse motivo é notório que na existência de um Deus soberano, criador de tudo e todos, honesto, amoroso e justo, dificilmente "Ele" conseguiria

A FASCINANTE FORMA DE ENTENDER A COISA TODA

manter uma intimidade com um ser que se compara com a perfeição. Deus não abandona, não bloqueia e muito menos deixa de ajudar uma pessoa orgulhosa, porém não tem interesse algum em se mostrar Deus, por meio do seu "sentimento", para os criadores de mentiras e donos da verdade. A essência divina seria exatamente o oposto, a humildade, pois os orgulhosos não percebem as pessoas humildes, conquanto são eles que não percebem a existência de Deus.

Certamente você já ouviu expressões como: "ele é muito orgulhoso para pedir desculpas", ou até mesmo você já se utilizou de "pequenas" mentiras para explicar por que algumas situações não saíram conforme o planejado.

Caso você identifique familiaridade com o orgulho, de qualquer forma que seja em sua vida, isso certamente apresenta impacto em muitas das coisas boas que estão por se experimentar e provavelmente ainda não seja notado, e muito menos compreendido, pois, devido ao explanado, o orgulho não enxerga humildade, consequentemente não tem compaixão nem amor pelo próximo e notoriamente não reconhece a real existência de Deus.

Todos os seres humanos apreciam a humildade, toda vez que uma pessoa se demonstra humilde, em qualquer situação social, econômica, financeira que seja, rica ou pobre, ela é motivo de elogios. Da mesma forma, toda pessoa que é orgulhosa se torna motivo de críticas e repúdio; contudo, a falta de atenção em nossos próprios pensamentos acarreta nossos hábitos e, como já explicado anteriormente, no trecho deste livro que trata sobre a mente consciente e subconsciente, tudo vira nosso destino. Deus repudia o orgulho, pois é forma que o ser humano encontra de se comparar com o próprio Deus, assim como Lúcifer, o "anjo de luz" caído, o fez segundo as escrituras sagradas.

"Deus resiste aos orgulhosos, mas dá graça aos humildes" (Tiago, 4:6).

Ego

Vindo do latim, ego se define como o simples "eu" de um ser humano, entretanto, a consciência é o segundo "eu", somos dois em um: o ego e o amor. O "eu" do ego é geralmente enigmático, confuso e autoproclamador da verdade absoluta, algo que necessita se sentir especial em relação aos acontecimentos o tempo todo. Incontestavelmente um pouco obscuro, pois se consegue identificar que, ao se alimentar o ego, se nota a falta de paz interior. Toda escassez, de qualquer coisa que seja, evidencia, de certa maneira, a necessidade de se autoafirmar superior ao outro.

Todos os seres humanos possuem um ego e uma consciência, o problema do ego é que ele é a parte do ser que pensa somente em si, que sente necessidade da superioridade e que normalmente atua de forma egoísta.

Notoriamente, ao se observar um "homem" qualquer, com a simples intenção de assisti-lo, já se faz possível testemunhar se o seu ego está no controle ou se está controlado. Talvez não seja possível "eliminar" o ego que existe dentro de cada um, pois ele é parte do "eu", junto da consciência, conquanto se faz possível assisti-lo e desativá-lo, dado que talvez o pior dos humanos se dá quando ele, por si só, se considera de alguma maneira mais importante e superior ao próximo, demonstrando, desse modo, erroneamente acreditar que tudo se sucede, cumpre-se, desenrola-se ou surge gira somente em sua volta, como se o universo estivesse sob o seu controle, e seus interesses pessoais, profissionais ou quaisquer outros são prioridades absolutas. O ego é aquela "vozinha" de dentro que grita por elogios e reconhecimento 24 horas por dia e 7 dias da semana, pelo simples fato de ele ser quem se autodenomina ser, o melhor.

"O ego vai te levar longe, e vai te deixar lá, sozinho" (Rodrigo Domit).

Talvez muitos seres humanos se utilizem do ego sem perceber, pois ele, quando no controle, camufla a consciência, o amor e a compaixão. E sem consciência não se consegue notar que ele, o ego, se faz ativo e comandante.

O ego está presente em tudo que lhe faça se sentir poderoso, melhor, ou mais importante que o outro. Nas redes sociais, evidenciamos e comprovamos, infelizmente, a quantidade de pessoas na busca tumultuada, agitada, enfeitiçada e frenética em receber um "like", tudo para de certa forma alimentar a "voz" interna que pede a reverência.

"Feliz aquele que superou seu ego" (Buda).

Não estamos desmerecendo nem queremos desmerecer essa ferramenta, "rede social", que, pessoalmente, acredito ser maravilhosa, pois nos aproxima de nossos amigos pessoais, profissionais, desejos e consequentemente de nossos entes distantes e queridos. Contudo, considere uma autoanálise, se, em algum momento, porventura deu mais importância para uma foto do que para o aroma do seu café, sorriu para a paisagem, mas não a contemplou, aumentou o som para que alguém observasse o seu carro, se endividou para mostrar alguma roupa de marca, recebeu elogios quando outros estavam envolvidos e os aceitou sozinho, já se sentiu superior aos outros, sente-se desesperado para mostrar que está certo, principalmente quando está, não consegue perdoar quem, de alguma forma, o contrariou, o envergonhou, ou até o prejudicou, odeia mudanças e não permite que interfiram na sua agenda ou rotina, necessita mostrar para todos que está feliz, quando muitas vezes na verdade você sabe que não está, parabéns, você já sabe quem é o ego dentro de você e quanto de espaço ele ocupa dentro da sua personalidade.

"Você pode estar sempre certo ou pode ser feliz" (Autor desconhecido).

No filme *Eu não sou seu guru*, uma frase chamou muita atenção:

"Você pode ter força espiritual, meditar todos os dias e ser o melhor nisso, mas se não sabe se relacionar, não adianta nada" (Tony Robbins).

Deus nunca solicitou a privação de coisas materiais consideradas boas ou caras, ele apenas ordenou que dada a sua aquisição, a glória não será sua, mas, sim, dele; como recompensa, você usufrui toda a conquista, tanto material quanto espiritual, em paz e felicidade. De certa forma, o ego não permite a glória ao Criador, ele quer a glória para si próprio, nos evidenciando, mais uma vez, por que Deus parece não existir para as pessoas que praticam o ego, pois não se faz presente na vida de quem se considera, mesmo sem saber, superior a Ele, o próprio Deus.

Ao perceber e identificar que algumas pessoas não procuram ou necessitam alimentar o ego, assim como mencionado anteriormente sobre o orgulho, usualmente também os descrevemos como humildes. Certamente estes oportunizam o acesso e a intimidade com o poder "oculto e misterioso" de que tanto citamos, é exatamente como a paixão, se você nunca se apaixonou, nunca entenderá esse sentimento.

Espiritualizar-se através de exercícios, meditação, yoga ou algo do gênero, acreditar ser bom, fazer doações, ir à igreja e ajudar financeiramente a família, tudo isso não adianta de nada, caso exista preconceito, exigência de reconhecimento pelo feito (ego) e também, principalmente, se existir falta de respeito contra qualquer ser humano. Isso apenas faz refletir por que "talvez" alguns seres humanos não consigam usufruir a maravilha que é conhecer e se aproximar do misterioso poder oculto da criação, Deus.

"É o ego que lhe dá feridas e te machuca. É o ego que faz você violento, com raiva, ciúmes, competitivo. É o ego que é continuamente o sentido miserável da vida" (Osho).

RELACIONAMENTO CONJUGAL

Um dos assuntos que demandam importância na vida cotidiana é indubitavelmente aquilo que chamamos de relacionamento conjugal.

Quando se busca uma relação, possivelmente a verdadeira intenção dessa união é viver o maior e o melhor de todos os sentimentos existentes, o amor. As pessoas unidas pelo amor formam-se cônjuges, do latim "com", "um do outro", "ligação ou união". Contudo, relacionar-se saudavelmente é algo muito complexo de se entender, dominar e viver, pois exige interpretações, compreensões, doação, paciência, cuidado e muita atenção.

"Nada é suficientemente bom. Então vamos fazer o que é certo, dedicar o melhor dos nossos esforços para atingir o inatingível, desenvolver ao máximo os dons que Deus nos concedeu, e nunca parar de aprender" (Beethoven).

O relacionamento precisa ser baseado em um pilar, isso é muito importante para sua edificação, pois o pilar, em qualquer construção, se faz altamente necessário para uma estrutura estável, firme e duradoura. O pilar de um casamento ou relacionamento deve ser edificado na rocha da honestidade, que, por definição, é uma das ramificações da justiça, e que desencadeia na sustentabilidade, felicidade e amor.

Um estudo de muita relevância, escrito na década de 60, é uma belíssima forma de entendimento sobre esse assunto, que se encontra no capítulo 14 do livro *O poder da mente subconsciente*, de Joseph Murphy, nascido em 20 de maio de 1898, na Irlanda.

Umas das coisas fascinantes sobre Joseph Murphy é que o lançamento desse *best seller* data de 1969, outra época, comparada com os dias atuais, outra era em termos de acesso e informações, e em relação a conteúdo e tecnologia. Porém, mesmo com tantas mudanças na "forma" de se viver, o seu conteúdo nos evidencia que se relacionar exige espiritualidade; independentemente do tempo, as palavras providas do amor nunca mudam, são eternas. Grandes mestres nos deixaram por escrito suas palavras baseadas em amor, e que perduram sua veracidade desde o ontem, o hoje e indubitavelmente perdurarão no amanhã. O amor é forte, vivo e eterno.

"O amor é paciente, o amor é bondoso. Não inveja, não se vangloria, não se orgulha. Não maltrata, não procura seus interesses, não se ira facilmente, não guarda rancor. O amor não se alegra com a injustiça, mas se alegra com a verdade. Tudo sofre, tudo crê, tudo espera, tudo suporta" (1Coríntios, 13:4-7).

O poder da mente subconsciente

CAPÍTULO 14 - SEU SUBCONSCIENTE E OS PROBLEMAS CONJUGAIS

Todos os problemas conjugais são causados por uma falha ao entender corretamente as funções e poderes da mente. O atrito entre marido e mulher irá desaparecer quando cada um usar corretamente as leis da mente. Rezando juntos eles ficam juntos. A contemplação dos ideais divinos, o estudo das leis da vida, o acordo mútuo em um propósito comum, o plano e o gozo da liberdade pessoal irão trazer harmonia e felicidade para esse casamento, somando-se ao senso de unidade, onde os dois se tornam um. O melhor momento para evitar o divórcio é antes do casamento. Não há nada de errado em tomar a decisão de sair fora de uma situação muito ruim. Mas por que, em primeiro lugar, você entrou nesta situação ruim? Não seria melhor dar sua atenção para a verdadeira causa dos seus problemas conjugais, para realmente chegar na raiz da questão, antes de qualquer outra coisa? Os problemas de infelicidade conjugal, discórdia, separação e divórcio não são diferentes de todos os outros problemas dos homens e mulheres. Eles podem estar ligados diretamente a uma falta de conhecimento sobre o funcionamento e a inter-relação da mente consciente e subconsciente.

O SIGNIFICADO DO CASAMENTO

Para ser legítimo, um casamento deve começar sobre uma base espiritual sólida. Deve ser do coração, pois o coração é o cálice do amor. Honestidade, since-ridade, bondade e integridade são todos aspectos do amor. Cada parceiro deve ser perfeitamente honesto e sincero com o outro. Não é um casamento de verdade...

quando um homem se casa com uma mulher para levantar seu ego ou porque quer compartilhar o dinheiro dela, ou posição social. Isto indica uma falta de sinceridade, honestidade e amor verdadeiro. Este casamento é uma farsa, uma fraude e um baile de máscaras. Se uma mulher diz "estou cansada de trabalhar. Eu quero casar porque eu quero segurança", sua principal premissa é falsa. Ela não está usando corretamente as leis da mente. Sua segurança depende apenas do seu conhecimento da interação das mentes consciente e subconsciente, e de suas aplicações. Uma mulher (ou homem) nunca terá falta de riqueza ou saúde se ela aplicar as técnicas descritas nos capítulos deste livro. A riqueza pode vir dela independentemente de seu marido, pais ou de qualquer outra pessoa. Uma mulher não depende de seu marido para ter saúde, paz, alegria, inspiração, orientação, amor, riqueza, segurança, felicidade ou qualquer outra coisa no mundo. A segurança e a paz de espírito vêm de seu conhecimento dos poderes interiores e do uso constante das leis da sua própria mente, de forma construtiva.

COMO ATRAIR O MARIDO IDEAL

Se você estudou nos capítulos que antecedem este, agora você está familiarizado com o funcionamento de seu subconsciente. Você sabe que tudo aquilo que impressionar sobre ele, será vivenciado em seu mundo. Comece agora a impressionar sua mente subconsciente com as qualidades e características que você deseja em um homem. A seguir, uma excelente técnica: sente-se à noite em sua poltrona, feche os olhos, esvazie a mente, relaxe o corpo, fique muito quieta, passiva e receptiva. Fale com sua mente subconsciente e diga a ela: Eu estou agora atraindo um homem em minha vida, que é honesto, sincero, leal, fiel, tranquilo, feliz e próspero. Estas qualidades que admiro estão se fixando em minha mente subconsciente agora. Conforme eu me concentrar sobre essas características, elas irão se tornar uma parte de mim e serão incorporadas no subconsciente. Eu sei que há uma lei irresistível da atração e que atraio para mim um homem segundo a minha crença subconsciente. Eu atraio o que sinto ser verdadeiro em minha mente subconsciente. Eu sei que eu posso contribuir para a paz e a felicidade dele. Ele ama os meus ideais, e eu amo os seus ideais. Ele não quer se aproveitar de mim; nem quero fazê-lo. Haverá amor, respeito, e liberdade mútua. Pratique este processo de impregnar sua mente subconsciente. Então, você terá a alegria de atrair para você um homem possuindo as qualidades e características que você mentalmente experimentou. Sua inteligência subconsciente abrirá um caminho pelo qual você e ele se encontrarão, de acordo com o fluxo irresistível e imutável do seu próprio subconsciente. Tenha um desejo forte para dar o melhor de você, em amor, devoção e cooperação. Seja receptiva a esse presente de amor que você está dando à sua mente subconsciente.

COMO ATRAIR A ESPOSA IDEAL

Para descrever a si mesmo a parceira para a vida que você procura, afirme como segue: Eu agora atraio a mulher certa, que se completa de acordo comigo. Que seja uma união espiritual, que venha do amor divino que flui através da personalidade dessa mulher com quem eu vou me unir perfeitamente. Eu sei que posso dar a esta mulher amor, luz, paz e alegria. Eu sinto e acredito que eu posso fazer a vida desta mulher plena, completa e maravilhosa. Eu agora declaro que ela possui os seguintes atributos e qualidades: ela é espiritual, leal, fiel e verdadeira. Ela é harmoniosa, pacífica e feliz. Nós somos irresistivelmente atraídos um ao outro. Apenas o que provém do amor, da verdade e da beleza pode entrar em minha vida. Agora, eu aceito minha companheira ideal. À medida que você pensar tranquilamente e com profundo interesse sobre as qualidades e atributos que você admira na companheira que você procura, você construirá o equivalente mental em sua mentalidade. Então, as correntes mais profundas de sua mente subconsciente vão unir aos dois na ordem divina.

NÃO HÁ NECESSIDADE DE UM TERCEIRO ERRO

Recentemente, Sheila, uma mulher com muitos anos de experiência como administradora, disse para mim, "eu tive três maridos e todos os três foram passivos e submissos. Todos eles dependiam de mim para tomar todas as decisões e fazer de tudo. Por que eu atraio homens assim?". Perguntei a ela se ela já sabia, antes de se casar pela segunda vez, que o seu segundo marido em potencial tinha uma personalidade semelhante à de seu primeiro marido. "Claro que não", ela disse enfaticamente. "Se eu soubesse que ele era tão frouxo, eu não teria nem conversa com ele. E o mesmo vale para o meu terceiro". Os problemas de Sheila não estavam com os homens com quem ela casou. Isto foi um resultado maquiado pela sua própria personalidade. Ela era uma pessoa muito assertiva, com uma forte necessidade de manter o controle de todas as situações em que ela se encontrava. De certa forma, ela queria um parceiro que fosse submisso e passivo para que ela pudesse desempenhar o seu papel dominante. Ao mesmo tempo, a sua necessidade mais profunda desejava um parceiro que fosse igual a ela. Seu subconsciente e suas imagens atraíam para ela o tipo de homem que ela queria subjetivamente, mas quando encontrava um, ela via que ele não satisfazia às suas necessidades superficiais. Ela teve que aprender a quebrar esse padrão, adotando o processo de oração correto.

COMO ELA QUEBROU O PADRÃO NEGATIVO

Sheila finalmente aprendeu uma verdade simples. Quando você acredita que você pode ter o tipo de parceiro que você idealizar, será feito a vós, segundo a vossa fé. Para quebrar o velho padrão subconsciente e atrair para si o par ideal, Sheila usou a seguinte oração: Eu estou construindo em minha mentalidade o tipo de homem que desejo profundamente. O homem que eu quero atrair para mim, é um marido forte, poderoso, amoroso, bem-sucedido, honesto, leal e fiel. Ele vai encontrar o amor e a felicidade comigo. Eu adorarei ir para onde ele me levar. Eu sei que ele me quer, e eu quero ele. Eu sou honesta, sincera, carinhosa e gentil. Tenho presentes maravilhosos para lhe oferecer. Eles são de boa vontade, um coração alegre e um corpo saudável. Ele me oferece o mesmo. Será mútuo, dar e receber.

A inteligência divina sabe onde está este homem, e a mais profunda sabedoria de minha mente subconsciente agora está nos trazendo ao encontro, com sua própria maneira, e nós nos reconheceremos um ao outro imediatamente. Eu concedo este pedido ao meu subconsciente que sabe como ele será realizado. Dou graças pela resposta perfeita. Ela rezou assim todos os dias, era seu primeiro compromisso de manhã e o último antes de ir dormir. Ela afirmou estas verdades no conhecimento confiante de que, através da frequente ocupação da mente, ela atingiria o equivalente mental que ela procurava.

A RESPOSTA À SUA ORAÇÃO

Passaram-se vários meses. Sheila teve vários encontros e compromissos sociais, mas nenhum dos homens que conheceu foi o que ela procurava. Ela começou a se perguntar se sua busca era inútil. Ela começou a se questionar, a desinteressar, a duvidar e vacilar. Neste ponto, ela se lembrou que a inteligência infinita estava trabalhando à sua própria maneira. Não havia nada para se preo-

cupar. Quando ela recebeu a sentença final do seu último processo de divórcio, isto trouxe a ela um grande sentimento de alívio e liberdade mental. Logo depois, ela conseguiu um novo emprego, como administradora de uma cooperativa médica. No primeiro dia em que ela estava no trabalho, um dos médicos diretores veio ao seu escritório para se apresentar. Ele estava fora da cidade em uma conferência médica no dia que ela foi entrevistada para o cargo. No minuto em que ele entrou, ela sabia que ele era o homem por quem ela tanto rezava. Aparentemente ele sabia disso também. Ele a pediu em casamento em menos de um mês. Seu casamento subsequente foi idealmente feliz. Este médico não era do tipo passivo ou submisso. Ele era forte, confiante e decisivo. Muito respeitado em seu campo, um atleta do antigo ginásio, e ele também era um homem profundamente espiritual. Sheila conseguiu aquilo pelo que ela rezou, porque ela clamou mentalmente, até que ela chegasse ao ponto de saturação. Em outras palavras, ela ficou mentalmente e emocionalmente unida com a ideia dela, e se tornou parte dela.

DEVO COMEÇAR UM DIVÓRCIO?

O divórcio é uma questão muito individual. Não pode haver uma resposta genérica que é válida para todos. Em alguns casos, é claro, nunca deveria ter havido um casamento em primeiro lugar. Em outros casos, o divórcio não é uma solução. Divórcio pode ser certo para uma pessoa e errado para outra. Uma pessoa que é divorciada pode ser muito mais sincera e nobre do que muitas pessoas casadas que talvez estejam vivendo uma mentira. Por exemplo, eu uma vez fui consultado por uma mulher cujo marido a espancava e a roubava para sustentar-se no seu vício com drogas. Ela tinha sido criada para acreditar que o casamento é sagrado e para sempre, e que, consequentemente, o divórcio era imoral. Eu expliquei-lhe que o verdadeiro casamento é de coração. Se dois corações se misturam harmoniosamente, amorosamente, e sinceramente, esse é o casamento ideal. A ação pura do coração é o amor. Após essa explicação, ela sabia o que fazer. Ela sabia em seu coração que não havia nenhuma lei divina que a compelisse a ser receosa, intimidada e espancada, pelo simples fato de alguém uma vez ter dito, eu os declaro marido e mulher. "Se você estiver em dúvida quanto ao que fazer, peça orientação. Sei que há sempre uma resposta e que você vai recebê-la. Siga o exemplo que vem de você, no silêncio da sua alma. Ele fala para você, em paz".

ACABANDO EM DIVÓRCIO

Uma vez falei com um jovem casal que estava casado há poucos meses, mas já estavam buscando um divórcio. Eu descobri que o jovem tinha um medo constante de que sua esposa poderia deixá-lo. Ele esperava rejeição e acreditava que ela seria infiel a ele. Esses pensamentos assombravam a sua mente e se tornou uma obsessão para ele. A atitude mental dele era de separação e suspeita. Por sua vez sua esposa não se sentia correspondida por ele, pois este era o resultado do próprio sentimento criado por ele. A atmosfera de separação, atuava através de sua mente subconsciente, era alimentada e agia em conformidade com a condição ou o padrão mental por trás dela. Há uma lei de ação e reação, ou causa e efeito. O pensamento é a ação, e a resposta da mente subconsciente é a reação. Sua esposa saiu de casa e pediu o divórcio – exatamente o que ele temia e acreditava que ela faria.

O DIVÓRCIO COMEÇA NA MENTE

O divórcio primeiro ocorre na mente, depois se segue em processos judiciais. Estes dois jovens estavam cheios de raiva, medo, suspeita e ressentimento. Estas atitudes enfraquecem, esgotam e debilitam a todo o ser. Eles aprenderam que o ódio divide e que o amor une. Eles começaram a perceber o que eles faziam com suas mentes. Nenhum deles conhecia a lei de ação mental. Estavam abusando de suas mentes e trazendo o caos e a miséria em si mesmos. Com minha sugestão, eles se reconciliaram e passaram a experimentar a terapia da oração. Eles começaram a irradiar amor, paz e boa vontade um com o outro. Cada um praticou como irradiar harmonia, saúde, paz e amor para o outro, e eles alternavam na leitura dos Salmos todas as noites. Como resultado deste esforço sincero de suas partes, e com as impregnações de suas mentes subconscientes com impulsos benéficos, o casamento deles foi crescendo mais bonito a cada dia.

A MULHER RECLAMANDO

Muitas vezes, a razão pela qual uma mulher reclama é porque ela não recebe nenhuma atenção. Seu desejo legítimo por amor e afeto se manifesta em uma maneira que empurra o parceiro dela para mais longe. Dê sua atenção à sua esposa e mostre o seu apreço por ela. Louve e exalte seus muitos pontos positivos. Um outro tipo de atrito se reflete em um desejo de fazer o parceiro ficar de acordo com um padrão específico. Existem poucas maneiras tão eficazes quanto esta para afastar um parceiro de você. Esposas e maridos devem se vigiar para não serem banais, procurando sempre pequenos defeitos ou erros uns nos outros. Deixe que cada um dê atenção e elogios para as qualidades construtivas e maravilhosas um do outro.

O MARIDO RESSENTIDO

Se um homem começa a ficar ressentido ou mórbido com sua esposa por causa de coisas que ela disse ou fez, psicologicamente falando, ele está cometendo adultério. Um dos significados de adultério é idolatria, o que significa dar atenção ou unir-se mentalmente com o que é negativo e destrutivo. Quando um homem está se ressentindo silenciosamente com sua esposa e está cheio de hostilidade para com ela, ele está sendo infiel. Ele não está sendo fiel aos seus votos de casamento, que foram lhe dar amor, carinho e honra em todos os dias da sua vida. O homem que está com pensamentos amargos e ressentidos, pode engolir suas observações afiadas, abater sua raiva e refletir em considerações mais elevadas, sendo atencioso, gentil e cortês. Ele pode habilmente eliminar as diferenças. Através do louvor e atitude mental, ele pode eliminar o seu hábito antagônico. À medida que ele preencher sua mente subconsciente com pensamentos de paz, harmonia e amor, ele vai se sentir melhor, não só com sua esposa, mas com todos em sua vida. Assuma esse estado harmonioso, e eventualmente você encontrará paz e harmonia.

O GRANDE ERRO

É um grande erro discutir seus problemas conjugais ou dificuldades com os vizinhos e parentes. Suponha, por exemplo, uma mulher que diz a uma vizinha, "John trata minha mãe grosseiramente, bebe em excesso e constantemente é abusivo e ignorante". Esta mulher está degradando e menosprezando seu marido aos olhos de todos com quem ela fala dele. Além disso, quanto mais ela comenta e relembra sobre as deficiências do marido, mais ela recria esses estados dentro de si mesma. Afinal quem está pensando e sentindo isso? Somente ela! E da forma

A FASCINANTE FORMA DE ENTENDER A COISA TODA

como você pensa e sente, então assim você é. Parentes quase sempre lhe darão o conselho errado. Geralmente são tendenciosos e preconceituosos porque não tomam uma postura impessoal. Qualquer conselho que você receba que possa violar a regra de ouro, que é uma lei cósmica, não será de bom tom. É bom lembrar que nunca existiram dois seres humanos que viveram sob o mesmo teto sem crises de temperamento, períodos de dor e estresse. Nunca exiba o lado infeliz de seu casamento para seus amigos. Fique com suas brigas. Abstenha-se de criticar e condenar seu parceiro.

NÃO TENTE MUDAR SEU PARCEIRO

Maridos e esposas não devem tentar mudar seus parceiros para uma nova versão de si mesmos. A falta de tato na tentativa de mudá-los é uma afronta, uma instrução de que eles não são dignos por si mesmos. Estas tentativas são sempre tolas e muitas vezes levam à destruição do casamento. Tentar alterar alguém destrói o orgulho e a autoestima do outro e desperta o espírito de contrariedade e ressentimento que pode ser fatal para o vínculo matrimonial. Ajustes são necessários, é claro. Ninguém é perfeito, o mesmo vale para os cônjuges também. Mas se você der uma boa olhada na sua mente e estudar seu caráter e comportamento, você vai encontrar falhas o suficiente para mantê-lo ocupado pelo resto da sua vida. Se você pensa, "vou mudar ele ou ela da maneira que eu quero", você está procurando problemas e audiências no tribunal de divórcio. Você está pedindo por adversidades. Você terá que aprender da pior maneira que não há ninguém a mudar além de você mesmo.

ORAÇÃO EM ETAPAS PARA REZAR E FICAR JUNTOS

O primeiro passo: nunca descarregar, de um dia para outro, irritações acumuladas resultantes de pequenas decepções. Não se esqueça de se perdoarem um ao outro por alguma aspereza, antes de se "deitar à noite". No momento em que você acordar de manhã, afirme que a inteligência infinita irá guiá-los em todos os seus caminhos. Envie pensamentos de paz, harmonia e amor para seu parceiro de casamento, para todos os membros da família e para todo o mundo. O segundo passo: a oração no café da manhã. Dê graças pela comida maravilhosa, por sua abundância e por todas as bênçãos. Certifique-se de impedir que os problemas, *preocupações ou contratempos entrem na conversa à mesa, o mesmo se aplica à hora do jantar. Diga para sua esposa ou marido: "agradeço tudo o que você está fazendo, e irradio amor e boa vontade para você o dia todo". O terceiro passo: o marido e a esposa devem alternar em rezar a cada noite. Não deixe essa etapa apenas para seu parceiro de casamento. Mostre o seu apreço e amor. Pense com admiração e boa vontade, ao invés de condenação, crítica e irritação. A maneira de construir um lar tranquilo e um casamento feliz é usar os fundamentos do amor, beleza, harmonia, respeito mútuo, fé em Deus e todas as coisas boas. Leia os Salmos 23, 27 e 91, o capítulo 11 de Hebreus, e capítulo 13 de I Coríntios e outros grandes textos da Bíblia antes de dormir. Enquanto você praticar estas verdades, seu casamento vai crescer cada vez mais abençoado através dos anos.*

REVEJA SUAS AÇÕES

A ignorância das leis mentais e espirituais é a causa de toda infelicidade conjugal. Orando cientificamente, juntos, vocês ficam juntos. A melhor época para evitar o divórcio é antes do casamento. Se você aprender a rezar da maneira correta, você vai atrair o parceiro certo para você. O casamento é a União de um homem e uma mulher que estão ligados pelo amor. Seus corações batem como um, e ele se move para a frente, para cima e para Deus. Casamento não é garantia de felicidade. Pessoas encontram felicidade por habitar nas verdades eternas de Deus e nos valores espirituais da vida. Só então, o homem e a mulher poderão contribuir para a felicidade e alegria um do outro. Você atrai a companhia certa ao edificar as qualidades e características que você admira em uma mulher ou um homem. Então sua mente subconsciente irá reunir vocês na ordem divina. Você deve construir em sua mentalidade o equivalente mental do que você quer em um parceiro de casamento. Se você quer atrair um parceiro honesto, sincero e carinhoso na vida, você deve ser honesto, sincero e amoroso com você mesmo. Você não tem que repetir os erros no casamento. Quando você realmente acreditar que você pode ter o tipo de homem ou mulher que você idealizar, será feito a vós conforme se crê. Crer é aceitar algo como verdadeiro. Aceite agora, mentalmente, o seu companheiro ideal. Não pense como, porque, ou onde você vai encontrar o companheiro pelo qual você tem rezado. Confie totalmente na sabedoria de sua mente subconsciente. Ela tem total poder para realizar sua missão. Não tente "ajudá-la". Você está mentalmente divorciado quando você se submerge em ódios,

A FASCINANTE FORMA DE ENTENDER A COISA TODA

ressentimentos, má vontade e hostilidade para com o seu parceiro de casamento. Você está mentalmente coabitando com o erro em sua mente. Refaça os seus votos de casamento, prometo amar, respeitar e honrar a ele (ou ela) todos os dias da minha vida. Pare de projetar padrões de medo em relação ao seu parceiro de casamento. Projete amor, paz, harmonia e boa vontade e seu casamento vai crescer mais belo e mais maravilhoso através dos anos. Irradie o amor, paz e boa vontade um para o outro. Estas vibrações são captadas pela mente subconsciente resultando em confiança mútua, carinho e respeito. Um parceiro que reclama, geralmente procura atenção e apreço. Ele ou ela está com desejo de amor e carinho. Louve e exalte seus muitos pontos positivos. Mostre que você a ama e o aprecia. Parceiros que se amam não fazem nada sem amor ou delicadeza nas palavras, maneiras ou atitudes. O amor é o que o amor faz. Em problemas conjugais, sempre procure aconselhamento especializado. Você não iria procurar um carpinteiro para extrair um dente. Nem você deve discutir seus problemas de casamento com parentes ou amigos. Se você precisar de um conselho, procure uma pessoa treinada no assunto. Nunca tente mudar sua esposa ou marido. Estas tentativas são sempre tolas e tendem a destruir o orgulho e a autoestima do outro. Além disso, eles despertam o espírito de ressentimento que pode ser fatal para o vínculo matrimonial. Pare de tentar fazer o outro uma segunda edição de si mesmo. Rezem juntos e vocês ficarão juntos. A oração científica resolve todos os problemas. Mentalmente, imagine sua esposa como ela deve ser, alegre, feliz, saudável e bonita. Veja seu marido como ele deve ser, forte, poderoso, amoroso, harmonioso e gentil. Mantenha esta imagem mental, e você experimentará o casamento feito no paraíso, com paz e harmonia.

REVELAÇÃO PESSOAL

Como muitos outros seres humanos, vivo empenhado para me sentir feliz, essa sempre foi a maior razão em acreditar e julgar viver. Tive altos e baixos no amor, nas finanças e na fé, desse modo minha vida se seguiu por longos anos, o que considero positivo, e reconheço hoje essas dificuldades como necessárias, pois creio na evolução do ser humano como pessoa de bem e de caráter, sempre a caminho do real sentido da vida, a felicidade.

"Nenhuma disciplina parece ser motivo de alegria no momento, mas sim de tristeza. Mais tarde, porém, produz fruto de justiça e paz para aqueles que por ela foram exercitados" (Hebreus, 12:11).

Em tempo algum fui uma pessoa altamente altruísta da forma que acredito hoje ser necessária e justa, conquanto sempre que possível estendi a mão para todos os que me solicitaram. O diferencial é que hoje acredito que posso estender e oferecer a mesma mão até para aqueles que não conheço, essa é a razão da vida em que eu acredito e a grande mensagem que tenho vontade de transmitir e dividir. Ter compaixão pelo próximo é o segredo da felicidade e a verdadeira forma de conhecer o melhor dos sentimentos existentes, o amor.

Saí da casa de meus pais antes de completar 18 anos, lembro-me desse dia como se fosse hoje, eu tinha em minha carteira o valor de cento e vinte reais, e meu pai acrescentou um cheque de mais cem. Assim eu deixei para trás o campo, a plantação, o gado e me lancei em novos desafios, porém, na minha despedida, as palavras ditas pelo meu pai me ecoam e ainda estão vivas nos meus pensamentos. Ele me disse: *"Você pode ter tudo nessa vida, se praticar honestidade em qualquer situação, dos centavos aos milhões"*, e assim o faço até hoje, evidenciando que a palavra tem poder.

Por me considerar bem resolvido e focado nos meus objetivos, não meço esforços para alcançar minhas metas pessoais e materiais, e hoje sei o motivo por que me considero bem-sucedido, em se tratando de paz de espírito.

Minha formação acadêmica sempre foi mediana, no que se refere à boa qualidade de ensino, porém enquanto aluno colegial era esforçado e dedicado. Não se possuía muitos recursos e acesso às informações e tecnologias, tudo vinha da imaginação. Já a educação na minha casa sempre foi rígida, significativa e regida com muita dureza.

Trabalhei para grandes companhias de renome internacional, adquiri minha graduação em Recursos Humanos e, aos 32 anos, me deparei com a oportunidade de residir fora do meu país, oportunidade essa que eu sempre "imaginei". Quando alcancei muito do que sempre sonhei para minha vida (bens materiais), me deparei em alguns questionamentos, por muitas vezes. Embora parecesse ter o necessário para uma vida satisfatória e digna, "eu" ainda experimentava certa ansiedade, um aperto no peito, um sentimento que talvez muitas pessoas saibam do que estou a descrever, aquela leve sensação de que ainda não sou completamente feliz.

Uma certa manhã fria, enquanto tomava um saboroso e quente café, tive um flash em minha intuição, de me perguntar com real consciência a seguinte questão: "Deus realmente existe?". Embora eu sempre tenha acreditado pela fé, nunca tive a real certeza de que a resposta seria positiva, e, para responder a essa questão, me pus naquele dia de joelhos, em sinal de submissão, e conversei com "Ele", Deus, como se estivesse conversando com qualquer grande amigo. Sinceridade, calma e harmonia foram a forma que utilizei para Lhe relatar algumas de minhas vontades, curiosidades e insatisfações, que basicamente se sucederam em Lhe pedir o que deveria fazer para Lhe "ver", para Lhe encontrar.

Preciso relatar que depois desse dia algo "misterioso" aconteceu, eu já sentia internamente algo diferente, sentimento que somente quem passa pela experiência sabe do que estou a mencionar, algo semelhante a uma questão matemática, com resposta única e objetiva, que se Deus almejasse se mostrar para qualquer ser humano, "Ele" supostamente o

A FASCINANTE FORMA DE ENTENDER A COISA TODA

faria da mesma forma que eu o faria, escolheria alguém que o merecesse, não que alguém não o mereça, todos definitivamente o merecem, entretanto, como sinto que estamos conectados de alguma forma, pela primeira vez estava eu procurando a resposta dentro de mim, e não fora, e a resposta era: "Faça por merecer" – contudo, a indagação foi: "Fazer o quê?".

Por consequência, comecei pelo caminho que estou hoje dividindo por meio da escrita, lendo. Busquei embasamento teórico, às vezes lia um livro por dia, estava eu com a mente aberta para conceber e permitir-me aprender, não mais viver com as minhas conjecturas, mas sim com a intenção e vontade "Dele", Deus, de aceitar em paz todas as dificuldades, de agradecer todas as oportunidades, de acreditar que tudo, de certa forma, acontece para o nosso bem, de perceber que, em todo e qualquer texto, livro ou equivalente, existe uma alma por trás, pois todo e qualquer autor desprende de muito amor, horas, sacrifício, desejo, estudo, carinho e, principalmente, muitas vezes anos de bagagem e diversos experimentos para dividir tudo em cerca de 200 páginas e assim ajudar nos princípios que reafirmo acreditar, a evolução do ser humano.

Valorizar o próximo se tornou prioridade e, evidentemente, de certa maneira me trouxe a paz, o preenchimento daquele vazio que eu experimentara anteriormente. Dessa forma, também compreendi de fato por que, em qualquer país ou cultura, a leitura sempre se faz tão recomendada.

Estudei abundantemente sobre todos os temas que relato neste livro e, consequentemente, queria realmente ser feliz e não mais fingir estar, porém nunca esquecendo o motivo pelo qual iniciei esta jornada. Apliquei cuidadosamente tudo que aprendi, na prática, ou pelo menos da melhor forma que consegui, pois obviamente sou um ser humano como outro qualquer, com muitas imperfeições.

Os pontos relevantes da minha jornada foram desistir, conscientemente e não por impulso, de todos os vícios que eu tinha, desde um simples cigarro, ânsia pela gula e até mesmo a desejos mais íntimos, reprogramei minha mente subconsciente da mesma maneira que descrevi neste livro. Considerei desse modo que todos esses aspectos, de certa forma, seriam bem-vistos por "Deus", não que "Ele" estivesse me pedindo para fazer algo, mas eu o queria, eu sentia, desejava estar o mais transparente possível junto a minha própria consciência, para dessa maneira então Lhe indagar uma questão para a qual geralmente não possuímos resposta satisfatória: "Deus, se você existe, eu preciso Lhe ver, eu agora 'acredito' estar preparado para isso".

É árdua porém impressionante, deslumbrante, espantosa e magnífica a sensação do que ocorre quando se decide amar e respeitar a si e principalmente ao próximo. Quando há o entendimento de que o corpo é um santuário, pois esse está ali para proteger o bem mais valioso, a vida que se faz dentro dele e que consequentemente merece todo o cuidado em todos os sentidos. Compreende-se que o exagerado apego pelos bens materiais, o ego, o orgulho, o egoísmo e o julgamento nos afastam das experiências mais incríveis da vida.

Iniciada a jornada da prática efetiva, laboriosa porém gratificante de tudo que está relatado, evitando sempre, com muita ênfase, o radicalismo e o autojulgamento, pois toda vez que o fiz, senti-me novamente afastado da conexão que estava em busca, assim entendi e compreendi de fato a mensagem descrita a seguir.

"Tudo me é permitido, mas nem tudo me convém. Tudo me é permitido, mas eu não deixarei que nada me domine" (1 Coríntios, 6:12).

Passado algum tempo da minha "reprogramação mental", período esse em que já me sentia bem, completo, preenchido e feliz, compreendi a maneira que Deus havia se mostrado e atendido meu pedido, havia adquirido a paz interior.

Com tantas mudanças acontecendo, a maioria das pessoas próximas perceberam que algo estava diferente em mim. Compreendi então a lei da atração, que nossa energia emanada atrai pessoas e situações que tendem a vibrar da mesma similaridade. Meu corpo físico mudou, este agora não tinha mais sinais de cansaço, adoeceu muito menos, não sentia necessidade dos vícios e prazeres, minha saúde mental tinha rejuvenescido, os pensamentos positivos, o bom humor e o carinho em minhas palavras se faziam naturais. Minhas atitudes eram, embora às vezes possivelmente falhas, com a intenção de arquitetar, produzir, ajudar e consequentemente ver o sorriso em cada ser que cruzasse meu caminho, fosse ele no âmbito familiar, amoroso, profissional ou esporádico. Isso era a palavra "compaixão" sendo praticada, sem esforço, palavra essa que, vale novamente ressaltar, encontra-se em qualquer religião, crença, prática ou algo semelhante que acredite e pratique o bem como forma de encontrar a felicidade.

Ressalto ainda, como opinião pessoal, que a verdadeira razão da existência não está em descobrir o oculto, embora isso seja possível para todos, acredito que tudo acontece por alguma determinada razão e para algumas determinadas pessoas. Acredito também que a vida que temos hoje aqui e agora é o suficiente para atingirmos o que necessitamos aprender e melhorar. Contudo, recomendo, mais uma vez por experiência própria, antes de qualquer caminho que se deseje trilhar, certificar-se dentro do seu interior de que o verdadeiro bem, a honestidade, o desapego e o bom caráter de todas as maneiras possíveis sejam prioridade em sua vida. Você certamente necessitará disso para uma agradável continuidade.

"Mas acumulem para vocês tesouros no céu, onde a traça e a ferrugem não destroem, e onde os ladrões não arrombam nem furtam.
Pois onde estiver o seu tesouro, aí também estará o seu coração.
Os olhos são a candeia do corpo. Se os seus olhos forem bons, todo o seu corpo será cheio de luz" (Mateus, 6:20-22).